本当の彼氏のつくりかた

悲恋改善アドバイザー
藤本シゲユキ

廣済堂出版

はじめに

現代では恋愛指南書や恋愛コラムといった、恋愛をうまくいかせる方法が記載された情報が数多く存在しています。

しかし残念ながら、そのどれもが似たり寄ったりで、言い方が変わっただけで何も真新しいことが書かれていないことがほとんどです。

ということは、見方を変えるとそういった情報は不変的であり、書かれていることを実践すれば、誰でも恋愛がうまくいくということになりますよね。

では、なぜ真実とも言える不変的な情報を取り入れて実践しているのに、恋愛迷子になる女性が多いのでしょうか？

その理由は、ほとんどの情報が本質には触れず表面しか触れていないので、「これを実践したらうまくいきそう」といった突貫工事的とも言える内容を彼女たちは実践しているからです。

ようは、「楽をして」恋愛成就させようとしている女性がほとんどで、僕の見解では恋愛指南書ばかり読み漁っている女性ほど、恋愛がうまくいっていないように思います。

そういった女性は、「こんなに恋愛の勉強してるのに、何がどういけないのか分からない」という疑問を抱えていることが多いのですが、考えてみれば当たり前の話なんです。

だってな？　それって、自己啓発本をめっちゃ読むけど、それ以外になんもしてへん人が成功もしてないし自信もついてないのと同じことやで？

彼女たちの多くは、今の自分を変えようとせず、本ばかり読んでできている気になっている意識高い系自己啓発マニアと同じで、恋愛がうまくいかない理由はもっと自分の根本的なところの問題にあることを分かっていません。

さらに、「○○をして彼を振り向かせましょう」とか「彼をときめかせる××な方法」といった情報をいくら実践しても、恋愛がうまくいかないのにはほかにも理由が2つあるんです。

1つ目は、好きになるかどうかはけっこう早い段階で決定しているということ。

どんな働きかけをしても相手が振り向いてくれなかったり、長期間そばにいるのに一向に好きになってもらえないのはそのためです。

もちろん、自分の恋愛感情に気付くまでの時間に個人差はありますが、「たぶん好きにならないよ」とか「これからも付き合うつもりはない」と相手から言われた場合、これ以上何をしても無駄だと思った方がいいでしょう。

2つ目は、恋愛といえど根本はただの対人関係なので合う合わないがあるため、合わない相手とは何しても合わないということ。

詳しくは本編で後述しますが、人間は恋愛だけ違う自分になるとかはありえないので、たとえ恋愛関係になったとしても合わない人間は合わないままなんですよ。

歴史上万人に愛された人も物も存在しないので、誰からも愛される自分になることは不可能なんです。

あれだけ愛に満ち溢れた存在であるイエス様が処刑されていたり、好感度ランキングで毎回のように上位を取る女性タレントが、決して万人に支持されているわけではないことを考えれば、当たり前ではないでしょうか。

とはいえ、万人に愛されることは不可能にしても、できるかぎり大勢の人に愛される自分をつくり上げていくことは可能です。

「私、みんなに好かれたいわけじゃない！　彼だけに愛されたいの！」なんてことを言う女性がいるかもしれませんが、そもそも、その好きな彼は大勢の中にいた一人だということを忘れてはいけません。

ということは、できるかぎり大勢の人に好かれる自分でいることができないと、その中にいる特定の人との恋愛成就の確率が上がらないということになりますし、前述したように、人間は恋愛でだけ違う自分になることはありえないので、ようは、ふだんできてないことを恋愛でできるかというと、それは不可能なんです。

なので、必然的に「常日頃の」自分を高めることは必須条件になるんですよ。

本書では、恋愛がうまくいかない理由だけではなく、お互いが愛を与え合えるような、向き合った関係をつくるための方法についてもお話しさせていただいております。

しかし、そういった関係をつくるにあたって、既存の恋愛指南書や恋愛コラムが教えてくれなかった情報を書かざるを得なくなってしまったのですが、今まで馴れ合いの関係が親密さの現れだと勘違いしていた女性にとっては、どれもハードルが高い内容になっています。

しかも、今まで恋愛の常識とされていたようなことを、理詰めで全否定するかの勢いで書いている部分もあり、場合によっては戸惑いを感じる方もいらっしゃるかもしれません。

ただし、本書に書かれていることを真摯に受け止めた上で、しっかりと自分と向き合う覚悟を決め、読み終えたその瞬間から何か新しいことを実践しようと決められた女性の未来はきっと明るいものになると断言させていただきます。

時折、現実を突きつけるような厳しい物言いを挟むことが多々ありますが、「生易しい刺激で人は気付きを得ることはできない」という僕の思想に基づき、あえてそうさせていただいておりますので、ご容赦くださいませ。

どうか、最後までお付き合いいただけると幸いです。

悲恋改善アドバイザー
藤本シゲユキ

もちろん、性欲を感じてもらえることも重要　032

CHAPTER 2

だらしなさがバレる女性の身だしなみと、だまされやすさの関係　043

CHAPTER 3

恋愛がうまくいかない女性が陥りがちな罠

CHAPTER 4

だまされない女のつくりかた

CHAPTER 1

意中の男性に
振り向いてもらうために、
多くの女性が
はき違えていること

意中の男性に振り向いてもらうために、多くの女性がはき違えていること

さて、いきなりですが、最初に身も蓋もない話をさせていただきましょう。

「好きな男性にどうやって接していけば振り向いてもらえるんだろう？」って考えてる時点でアウトやで？

なぜなら、恋愛感情というものは理屈抜きで湧きおこるものであり、「何をすれば好きになってもらえる」「何をされたら好きになる」という正解はないからです。

どちらかというと本能に近いものであり、恋愛感情の中でも一目惚れはまさしく本能のなせる技だと言ってもいいでしょう。

では、この恋愛感情は何が根本になってるのかというと、「自分にないもの×性欲」の掛け合わせによって生まれるものであるというのが僕の見解です。

自分にないものへの憧れ＝恋心

まず、自分にないものとはなんなのか。

それは、自分が「ないものねだり」しているものです。

ようは、「もっと自分に〇〇があったらなあ」とか「もっと自分が××だったらなあ」と思っているもののことですね。

ちなみに、この「ないもの」とはなんなのかというと、相手のルックスや職業、収入といった表面的なことではなくて、「相手の内面への憧れ」や「過去の巻き返し」になるんですよ。

どういうことかというと、「相手の内面への憧れ」は、たとえば、内気な自分じゃなくてもっと強気な自分でいられたらなあと思っていたら、自信満々に見える男性に惹かれ、もっと私に思ってることが言えたらなあと思っていたら、物事をハッキリ言う男性に惹かれるといった感じのことです。

なので、自分に足りない内面をないものねだりしている人ほど惚れっぽく、ないものねだりしない人ほどあまり異性を好きにならない傾向にあります。

僕がしている恋愛カウンセリングのクライアントの方の中には、「私、全然人を好きになれないんですけど、これって私が人としておかしいんでしょうか？」というご相談をされる方がいらっしゃるのですが、話をよく聞いてみると、彼女たちは、例外なくと言っていいほど、自分のことをちゃんと分かっていますね。

自分にないものを自覚していて、「ないものはないんだからしょうがない」とないものねだりしていないという背景があります。

次に、「過去の巻き返し」とは、子ども時代に親や周囲の人に認めてもらえなかった自分を、大人になってから認めてくれなかった人に似ている他人を通じて、自分を承認してもらおうと再チャレンジすることです。

たとえば、父親に否定されて育ってきた女性が、気が付けば好きになる人がことごとく父親とそっくりだったというケースですね。

姿形が違うだけで、中身が同じような男性を何度も好きになってしまい、うまくいかない女性は高確率で過去の巻き返しをしていまして、この行為をやめないかぎりは今後も同じような相手を好きになってしまいます。

ようは、何度も同じようなダメ男に引っかかってしまう女性はこのメカニズムに当てはまるということです。

知っておきたい性欲について

続いては性欲に関してですが、これは言うまでもなく「触れてみたい」「キスしてみたい」「抱かれてみたい」という欲求のことです。

現代ではノンセクシャルという、異性に恋愛感情を抱くことはあるけれど、性的衝動を感じないという方々もいらっしゃいますが、そうでないかぎり、いくら自分にないものを持っている人とはいえ、性欲を感じない相手を恋人や配偶者に選ぶと高確率でセックスレスになります。

「今、私にアプローチしてくれてる男性は、すごくいい人だし尊敬もできるけど、なんだかときめかない」と言う女性は、相手の男性に対して性欲を感じてないんですよね。

この場合、残念ながら性欲を感じないかぎりは、相手の男性を好きになることはないと思った方がいいでしょう。

それから、これが一番大事なことなので、よく覚えておいてください。

顔、声、雰囲気に惹かれるのって、本能やから、ただの性欲やで？

ものすごくタイプの男性と付き合って別れてしまい、その男性の顔がなかなか忘れられない女性は、「あ、これって好きだから忘れられないんじゃなくて、性欲で忘れられないんだ」と思ったら、幾分か気持ちが楽になるのではないでしょうか。

そう考えると一目惚れは、どうしようもなく相手に対し性欲を感じてしまい、直感で自分にないものを相手が持っていると感じた状態になるんでしょう。

恋愛感情のカラクリ

まとめますと、自分にないものを持っていて、性欲を感じる異性が現れたとき、「わー、この人に承認された自分は完全体になれるだろうから、さぞ気持ちいいだろうなあ」というのが恋愛感情です。

この事実を物語っているケースとして、イケメンでハイスペックで誠実な男性がアプローチしてくれているにもかかわらず、友達から「なんでそんな男選ぶの？」と言われるような男性をあえて選んでしまう女性は、もちろんこの女性自身に人を見る目がないのもありますが、単純に「なんで？」と言われてしまう男性が、ないものを持っていて性欲を感じる対象になっているからなんですね。

こういうケースは男女共通してよくあることなんですが、その理由としては、相手に性欲を強く感じてしまったことと、人を見る目のなさが災いして、相手が自分にないものを持っていると錯覚してしまったことが大きく起因しています。

具体的な例を出しますと、たとえば、自信がない人が自信満々に見える異性に惹かれたとします。

しかし、蓋を開けてみるとその惹かれた相手は自信があるのではなく、ただ上から目線なだけで思ったことをなんでも口にしてしまうデリカシーのない人間だった、みたいなケースです。

この場合、自分の目利きを自分で否定したくないがために、相手のことを理想化したまま本性を見て見ぬフリをしてしまうので、そうしているうちは気持ちが冷めないのですが、相手の本性を認めたとき、今まで抱いていた恋心が一瞬で冷めることが多いですね。

ちなみに、自分にないものを持っている同性に対しては嫉妬心になることが多いです。

好きな男性に振り向いてもらうためには？

以上の理由から、相手がないものねだりしているものを所持していて、性欲を自分に感じてくれていれば、好きな男性が恋愛感情を抱いてくれるという図式になるのですが、「相手が何をないものねだりしているのか？」を考えることは重要ではあるものの、いくら相手にないものが見つかったからと言って、それを自分が所持していなかった場合、残念ながら恋愛関係に発展することはほとんどありません。

なぜなら、人は「素養、習慣、性質」にないことは「絶対に」持続してできないので、恋愛だけ違う自分で居続けることは不可能だからです。

まえがきでも書いたとおり、好きになれるかどうかって最初の段階で決まっていることなんですよ。

「彼のそばにいたらいつかは振り向いてくれて私と付き合ってくれるはず」という期待を抱いている女性はかなり多いですが、残念ながらそばにいる期間が長くなればなるほど、情がわくことはあっても、恋愛感情を抱かれることはほとんどありません。

だって相手は視覚と聴覚を通じて自分のことを見ているので、良いところだけじゃなくて、「相手から見た」悪いところもしっかりと伝わっているからです。

その悪いところは、どれだけ巧みに隠そうとしてもにじみ出てしまうものなので、「そういうところやで?」の数が多い女性ほど、長期間にわたって好きな男性のそばにいることは命取りになると言っていいでしょう。

「付き合ってもどうせうまくいかないと思うよ」と言われたことのある女性は、付き合わなくても「付き合ったらなんとなくこんな感じになるのが分かるからダメだろうな」と見抜かれてしまっているから、そう言われてしまうわけです。

ここで、「付き合ってみないと分からないじゃん!」と言う女性がいますが、あのですね。

付き合う前にできてないことを付き合ってからできるわけあらへんやろ?

それに、付き合う前に自分を封印して出し惜しみする女性の恋愛がうまくいくことはありません。

かと言って、付き合う前にセックスしてしまうのは、自分を安売りしかしない行為なので、よほど精神的自立を果たしていて、異性に執着しない女性でもないかぎりしない方がいいでしょう。

だって、「私のこと雑に扱ってもいいですよ」って言ってるようなものですからね。

試食コーナーで、本当なら買わないと食べられないような量を、お金を払ってないお客さんに食べさせるのと同じことです。

相手のないものを所持するために

では、好きな男性がないものねだりしているものを所持するためにはどうすればいいか？

ここで、真にモテる男女が共通して心がけていることをお話しさせていただきましょう。

それは、**「男女問わずできるかぎり大勢の人に好かれる自分でいる」**ことです。

なぜなら、特定の人に好かれたいのであれば、その特定の人は大勢の人の中にいるからなんですよ。勘違いしないでいただきたいのは、八方美人になるのではなく、人に愛を持って接することが、モテる男女に共通していることです。

愛とは、「嫌われることを恐れない、見返りなしの善意」のことであり、その愛をできるかぎり大勢の人に分け与えている人は例外なくモテています。

たとえば職場で、人望があり、優しさと気遣いに長けていて、ときには厳しいことも自分のためだけを思ってちゃんと言ってくれる上司っていませんか？

そういう人のことです。

愛については後ほど詳しくお話しさせていただくとして、真にモテる男女は例外なく、人と地球に優しい自分でいることが「当たり前」になっています。

エーリッヒ・フロムが、「愛は技術だろうか？　技術だとしたら、知識と努力が必要だ」という名言を残しましたが、優しさと気遣いも実は技術なんです。

最初は「意識して」実践していたことを、次は「習慣」になるまで積み重ねていき、自分の「素養」にする。

このプロセスを踏むことで、人は誰でも優しくて気遣いのある人間になれるんですよ。

たとえば、合コンでサラダの取り分けをする女性はあざといなんて昔は言われてましたが、なぜそう見えるかというと、この女性がふだんから気遣いある行動ができてないのに、サラダの取り分けをしたことによって「どう？　私っていい女でしょ？」というあざとさが、言ってなくてもにじみ出てるからなんです。

しかし、ふだんから気遣いある行動ができている女性だと、頭で考えるより先に身体が動いてしまうので、それが「自然な気遣い」として見た人の目に映るというわけです。

これが同じことをしていて、イラッとされる人とされない人の差でもあるのですが、実はこの「自然な優しさや気遣い」は男性の心を動かす大きなポイントになることが多いんですよ。

こういったお話があるのですが、ある女性が彼氏の家から帰ろうとしたら雨が降ってきました。

「傘借りてもいい？」と聞くと、「壊れてる傘でもいいかな？」と彼氏。

その壊れてる傘を借りて帰り、後日、女性が傘を直してからそのことを告げず「ありがとう」とだけ言って、彼氏に傘を返したそうなんですね。

そしてある雨の日、その男性が壊れているであろう傘をさしたとき、直っていたことに驚き、「なんて気遣いができるやつなんだ」と感動して、彼女との結婚を決めたそうです。

しかし、この女性は傘を直したことをいっさい覚えてないんですよね。

このお話が意味するところは、ふだんから彼女が優しさと気遣いを当たり前にしていることで、それが「無意識に」出てしまったということなんです。

僕自身も過去の恋愛を振り返ってみると、相手の女性の自然な優しさや気遣いに触れたとき、心動かされることが多々あったことを思い出しました。

考えてみれば当たり前の話で、男性って母性がないじゃないですか。

母性を構成しているものの中には優しさと気遣いが含まれてますよね。

「母性力」とでも言いましょうか。

女性なら誰でも母性は持っていますが、この「母性力」を高めるために、ふだんから男女問わずいろいろな人に対して優しさと気遣いある行動を見返りなしで「当たり前」になるまで実践していくことが、好きな男性が「ないものねだりしているもの」を手に入れられる一番の近道であると僕は断言します。

実際に、カウンセリングでこのお話をして実践されたクライアントの方の多くは、人生で一番のモテ期の経験だけじゃなく、いろいろな人に重宝されて必要とされるという経験もされていますね。

冒頭で、「好きな男性にどうやって接していけば振り向いてもらえるんだろう?」って考えてる時点でアウトだとお話しさせていただきましたが、ふだんできてないことを恋愛でできるわけがないというわけです。

たとえば、今までの人生で人間関係全般がうまくいってなかった女性が、恋愛だけ大成功するなんてことは「絶対に」ありえないんですよ。

もし、彼氏ができたとしても、こういった女性は「そういうところやで?」が多すぎるので、結局は交際が短命に終わってしまうんですよね。
なので、特定の人に好かれたいのであれば、ふだんの自分を見直していくことが恋愛成就の大前提になるわけです。

もちろん、性欲を感じてもらえることも重要

好きな男性にないものを所持しているからと言って、性欲を感じてもらえなかった場合、残念ながら恋愛関係に発展することはありません。

ひどく厳しい現実として、ルックス査定で落とされてしまっている場合、相手が望むルックス基準をクリアしていないかぎりは、どうやっても関係性が進展しないんです。

過去に、「友達としてしか見れない」と好きな男性に交際を断られたことがある女性は、残念ながらほぼ9割は容姿が原因で断られたと思っていいでしょう。

とはいえ、万人に好かれる人も物も歴史上に存在しないので、誰もが「かわいい」と言ってくれるようなルックスになることは不可能なんですが、少しでも好きな男性に性欲を感じてもらうためにやっておいた方がいいことを5つお話しさせていただきます。

1・メイク

メイクは技術です。

正しい方法をちゃんと学んで技術を積み重ねていけば、「かわいい」はちゃんとつくれます。

メイクしてもキレイになれないと言う女性のほとんどが、正しい方法を知らないだけでなく、ただの努力不足であることがほとんどです。

メイクが上手な女性のほとんどが、過去に猛練習を積み重ねた期間があります。ファンデーションを何度も塗りまくって顔がヒリヒリしたり、まぶたが痛くなるまで何度もアイラインをひいたり、シャドウの入れ方をメイクのたびに変えてみたり。

美の追求をなめんなよって話。

2・プロポーション

デブは痩せろ！

なに太りちらかしてるねん。

実は、ダイエットって期間限定でするものではなく、ライフワークの一環としてするものなんですよ。

たとえば人と外食をしたり飲みに行って食べ過ぎてしまった日があったら、「昨日食べ過ぎたから今日明日とちょっとカロリー抑えよう」という感じで、食事のコントロールをするんですね。

もちろん、言うまでもなく運動も必須なので、身体を動かすことを日課に取り入れることは大前提ですね。

ちなみに、いい男ってほとんどの場合が体型維持をしっかりしているので、自己管理できてない女性をパートナーに選びません。

3・背筋

どれだけきれいでスタイルが良くても、猫背であるだけでかなりマイナスです。だって、いい女と呼ばれる女性で、猫背の人を見たことがないですからね。

猫背改善法としては、始めのうちは深呼吸しながら生活することです。猫背だと深呼吸ができないから。

意識して街いく女性を見てみれば分かると思いますが、姿勢が良い女性って本当に数えるほどしかいません。

ということは、姿勢を正せばその分目立つということなんです。

4・歩き方

ある外国人タレントの女性が、「なんで日本人の女性はこうも歩き方が汚い人が多いのか」と過去に発言していたことがありますが、間違ったことは言ってないと思います。

太ももの内をすり合わせ、1本線の上を歩くかのように歩くことを意識するだけで、かなり改善される部分はあると思うのですが、猫背だとすべて台無しです。

背筋を伸ばし歩き方をきれいにすると、印象はガラリと変わるんですよ。美しい姿勢で街を闊歩する女性は、それだけでオーラをまとうことができます。

5・話し方

意外と盲点なんですが、女性の話し方によっては性欲を感じない場合がけっこう多いような気がします。

どういう話し方の女性に性欲を感じないかというと次のようになります。

・やたら声がでかい
・言葉遣いが汚い
・早口
・笑い方に品がない
・言葉の語尾が伸びている

まず、声がでかい人は男女共通してモテません。
単純に、静かな場所だったら一緒にいて恥ずかしいし、声の大きさを気にしない人ってそれに連動してデリカシーがないんです。

次に言葉遣い。
30すぎて若者言葉を使ってる女性がいたらすぐにやめましょう。

そして、早口。

これ、かなりのげんなりポイントです。

人に早口を指摘されたことのある女性は、必ず直しましょう。


続いては、笑い方について。

女性がガハガハ大口を開けて笑っていたり、何度も大きく手を叩いて笑っていると、品がないだけでなく、それだけでがさつに見えます。

どんなに笑顔がステキでも、笑い方1つで台無しになることはよくあるのでご注意を。


最後は、言葉の語尾について。

語尾を伸ばしてしゃべってしまう人って、馬鹿っぽく見えるか高圧的に見えるかのどちらかなんですよ。


ようは、この5項目と真逆のことを心がけて当たり前になるまで実践すると話し方はかなり変わってきますね。

話し方ってなかなか自分では分からないし無意識に発している言葉もあるので、できれば誰かと電話しているときに、一度自分の声を録音して聞いてみることをおすすめします。

ほとんどの場合、初めて自分の声を客観的に聞くと「うっわ！　きっしょ！」ってなるので、そこを乗り越えてさらに客観的に聞くことができれば、できてると思ってたことが実はできてなかったという部分がきっと見つかるはずです。

以上が、男性に性欲を感じてもらうためにやっておいた方がいいことになります。

ほかにも家で無意識にやってしまっていることが、外でも出てしまうということがよくあります。

たとえば、いつも冷蔵庫とか扉を足で開け閉めしてたりとか、物を乱雑に扱っているとか、テレビを見てるとき口が開いてるとか、そういった生活習慣によるものです。こういうことって完全に無意識なので、知らず知らずのうちに外でもしっかりと出てしまってるんですよね。

ちなみに、生活音がうるさい人って男女問わずモテません。

ようは、恋愛をうまくいかせる秘訣って何かというと、どこまでいってもふだんの自分づくりが重要なので、好きな男性に対し何しても振り向いてもらえないという女性は、商品でたとえると商品価値がないからどんな売り方をしても買ってもらえないということになります。

ということは、商品価値を高めることができないかぎり、相手の購買意欲を駆り立てられないということになりますね。

恋愛も自己啓発本に書いてあるような成功法則と同じで、なにをすればうま

くいくとか正解はないし、結果がどうなるかそのときになってみないと分からないけれど、少しでも成功率を上げるための努力を惜しまない人にしか輝かしい未来はやってこないということなんです。

そして、良い習慣を取り入れたいのに続かない人は男女問わず多いですが、これは「習慣になるまでやってない」ことが原因です。

習慣化に入るにはおよそ21日間かかると言われていまして、完全な習慣になるまで大体2~3ヶ月かかると言われています。

僕は、根性論があまり好きではありませんが、習慣にしたいことだけは気合いと根性で乗り切るものと思っています。

習慣にさえなれば、「お風呂入るの面倒だけど入らないと気持ち悪い」みたいな感じになり、モチベーションは関係なくなるので、その段階までいけば、以前は当たり前のようにやっていた悪習慣に抵抗が出てくるんですよ。

なので、取り入れたい物事や改善したい悪習慣があれば、変える努力をまずは21

日間続けることを目指してみてください。

ちゃんと続けられたことは自信になるだけではなく、間違いなく自分の財産になります。

CHAPTER 2

だらしなさがバレる
女性の身だしなみと、
だまされやすさの関係

だらしなさがバレる女性の身だしなみと、だまされやすさの関係

ろくでもない男性を引き寄せてしまう女性のカバン5選

悪い男性に引っかかってしまう女性には、それ相当の理由があります。性格はもちろんのこと、見た目からもその女性を大事に扱うべきかどうかは、ある程度は判断できてしまいます。

その1つがカバン。

僕が子どもの頃、母がよく言っていました。「カバンを見れば、その人の人格が分かる」と。その助言のおかげで、僕は初めて話す人のカバンを見ることが、いつしか習慣になってしまいました。

ホストや性風俗産業に関わるスカウトマンの多くも女性のカバンを見て、「落とせそうかどうか」という判断材料にしていることが多いと聞きます。それほどカバンというのは、その人自身を表しているということなんですね。

悪い男性に引っかかってしまう女性のカバンには、5つの特徴があります。それでは1つずつ、解説させていただきましょう。

1・カバンの中身が丸見え

これはファスナーで閉めるタイプのカバン限定ですが、ちゃんと閉じずに、いつもカバンを開けっぱなしにしている女性がいます。「大した物は入っていないから大丈夫」という問題ではなく、開けっぱなしにしていることが問題。

カバンを閉めないことが習慣になっている女性は、だらしない人が多いです。カバンの中身を「恥部」と考えるか、そうじゃないと思うかの違いですね。

カバンの中からペットボトルの先が出ていたり、閉めないのが当たり前になり過ぎて、カバンがオープン状態のまま形付いていたり。

カバンを閉めるなんて2~3秒で済むことなのに、その労力すら惜しむ女性は女子力うんぬん言う前に、こういった根本的なところを見直しましょう。

「そういうところやで?」というやつです。

ちなみに、ファスナーや留め具が付いていないトートバックなら、中身が見えないように上からハンカチをかぶせる。

そして、ファスナーではなくかぶせタイプで、錠前やバックルでロックするタイプのカバンも同じ。かぶせて中身が見えないからOKではなく、ちゃんとロックまでかけましょう。

またカバンを開けっぱなしにしている女性は高確率で次のようになります。

2・カバンの中身が汚い

長財布がカバンからはみ出しかけていたり、それ以前に財布がどこにあるのかわからないほど中身がグチャグチャだったり。だらしなさの極みです。

さらに、カバンの中身が汚い女性は、高確率で化粧品もちゃんと整理できていません。付くはずのない場所や物に、ラメがこびり付いていたりします。

そして、化粧品を整理していない女性は必ずと言っていいほど、パフを洗っていません。石油と皮脂まみれのパフでいつも顔を塗りたくっていると、何年後かに必ず後悔することになるでしょう。人間の肌ってそれまでの生活習慣が、年老いてから顕著に現れるのです。ここまでくると、だらしがない以前に不衛生ですね。

3・バックの四隅が潰れている・持ち手が手垢で汚れている

たとえカバンをちゃんと閉めていようが、一番目に付くところをおろそかにしていては意味がありません。どんなに高価なブランド物のカバンだろうが、見た目が汚いとコピー品に見えてしまう不思議。高級車を買っても、洗車しないでずっと走っていれば雨風で汚くなります。そんな車は元値がどうこうというより、高そうには見えないですよね。

そもそも大事にカバンを使っていれば、四隅が潰れることなんてまずないし、持ち手を腕にかけていれば手垢も付きません。カバンを雑に扱う女性は、平気で地面に置いていたり、いろいろな角にカバンをぶつけたりしています。

逆に安いカバンであってもキレイに使っている女性の方が、清潔感があるし、ちゃんとした女性に見えてしまうんです。

ですから、ブランド物であっても四隅が潰れていたり、手垢が付いたりしているカバンは捨ててしまってください。今すぐに。高かったからとか、愛着があるからといって執着しない。恨むなら大事に扱わなかった自分を恨みましょう。

4・やたらカバンがデカい

旅行に行くわけでもなし、物をたくさん使うような仕事でもなし、住所不定というわけでもないのに、やたらと大きいカバンを常に持ち歩く女性がいます。そして中身は常にパンパン。

「絶対に使わないだろこれ」と思うような物が、ゴロゴロと入っています。理由を聞くと、「使うかもしれないじゃん」との返答。

私物でパンパンに膨らんだ大きいカバンを持ち歩く女性の特徴は、「自信がない」。使う使わないに関わらず、カバンに物が入っていないと不安なんですよ。「警戒心が強いだけ」とも取れますが、物をカバンに入れることで、「自信のなさをカバーしている」と言った方が正しいかもしれません。

いつ使うか分からないような、不要な物に囲まれて安心している断捨離できない女性と同じですね。

5・カバンを複数個持ち歩いている

これは、「4・やたらカバンがデカい」と理由がよく似ていますね。物が入っていないという不安から、持つカバンの個数が増えてしまいます。

もちろん、「単純に大きいカバンを持っていない」「大きいカバンは嫌い」という理由から、カバンを複数個持つという結果につながっている可能性もあります。しかし、泊まりで出かけるわけでもないのに、何個もカバンを持たなければならないほど物は必要ありません。

ちなみにカバンに物を詰め込む女性にかぎって、中身をちゃんと確認していない場合が多い。このタイプの女性は、カバンに物を詰め込むことで安心感を覚えるので、同じ物がカバンの中に2つあったり、違うカバンにそれぞれ同じ物が入っていたりします。

そして、大きいカバンを持つ女性と、複数個のカバンを持つ女性に共通にしていることは、「自分に自信がない」以外にもうひとつ理由があります。

それは「決断力のなさ」。決断力がないから、あれもこれもとカバンの中に物を詰め込んでしまうわけです。

そして決断力のなさは、他人に左右されやすいという致命的な欠点を持っています。他人に左右されやすいということは、言うまでもなくだまされやすいということですよ。

たかがカバン1つと思うなかれ。だまされやすい女性のカバンには、「だらしなさ」「自信のなさ」「決断力のなさ」がきっちりと混在しています。

というか、こういう小さなところから派生して、その人の人格や雰囲気が形成されていくんですよ。

男性に遊ばれた経験のある女性は、一度ご自分のカバンを見直してみてはいかがでしょうか。

- **適切な大きさのカバンを1つだけ持ち、**
- **中身をきれいに整理して、**
- **見えないように閉め、**
- **丁寧に扱う。**

活字にすると、たったこれだけのことなんです。男女問わず、物を大事に扱えない人って高確率で人のことを大事にできないし、自分のことも大事にできていないんですよね。

注意！アンバランスな見た目の女性はだまされやすい

見た目がアンバランスと言われても、いまいちピンとこない女性もいらっしゃることでしょう。早速、例を出してお話しさせていただきます。

1・服が安っぽかったり手抜きなのに、カバンだけハイブランド

「アンバランスな見た目」の意味を理解していただけたでしょうか。こういう意味です。

こういったファッションの女性は、カバンさえ良い物を持てば、ほかを手抜きしても自分がそれ相当に見えると勘違いしています。要するに「楽をする」という思

考が、「ゆるさ」につながってるんですよ。

中にはジャージ姿やよれよれの格好で、ブランド物のカバンを持つ強者もいますが、ブランド物のカバンはそれ1つ持つだけで、ほかの部分が帳消しになる万能アイテムではありません。「ファッションはトータルコーディネート」です。

ちなみに、このタイプの女性が持つカバンは高確率で汚い。

2・かわいいのに、ダサい

ダサいというよりは、洗練されていないという言い方のほうが正しいかもしれません。田舎から出てきたばかりの女性に多いです。田舎で平和に暮らしてきたので、世間の怖さをまだ知りません。純粋で素直ないい子が多いので、男性人気も高い。

しかし残念ながらこのタイプの女性は、遊び人の男性や性風俗産業のスカウトに狙われやすいんですよね。

そして、人にだまされた経験がないから、危機管理能力がかなり低い。うまく口車に乗せられて、「気が付いたら風俗で働いていた」「気が付いたらAVに出ていた」

なんてこともよくある話です。

知り合って間もない人間が持ち掛けてくる「おいしい話」なんて必ず裏があるので、覚えておきましょう。

3・服装バッチリなのに、スッピン

よく街中で見かけます。スッピンを隠すために大きめのサングラスをかけているのも、特徴の1つです。飲み屋や風俗店で働く女性たちが、出勤前にこういう格好で街を闊歩していることはありますが、そうじゃない女性はいったいどういうつもりなのでしょう。

そしてずっとスッピンでいるわけではなく、喫茶店や電車の中で化粧を開始。「どうせ外でするなら家でやれ」といつも思ってしまいます。

「だれに見られているかわからない」という緊張感のなさが、「ゆるさ」につながっていることを本人たちは気付いていません。ちなみに僕は、外で化粧をする女性で、きれいな人を一度も見たことがない。

4・服装もメイクもバッチリなのに、髪がプリン

服装もメイクもばっちりで、髪もきちんと巻いているのに、「なんでそんなになるまで放っておいたんだ」と思うぐらい、プリン髪の女性がいます。「美容院に行く時間がない」なんて、ただの言い訳です。

人からだらしなく見られるのが嫌いな女性は、かならず時間をつくって美容院に行きますし、もし本当に時間がない人であれば、セルフカラーリングでいったんごまかします。

「セルフカラーリングしたことない」なんて言わない。最初はみんな、やったことがないんですよ。

どうしても自分ですることに抵抗があれば、時間をつくる。ギリギリになってから慌てるのではなく、前もって先の予定をちゃんと確保しておく。何事でもそうですが、後手後手に回って良いことはなにもありません。

以上で「アンバランスな見た目の女性」の意味は、十分に理解していただけたのではないでしょうか。

肝心なのは、自分が人からどう見られているかを、どこまで意識しているかということ。かわいいけどダサい女性や、ちょっと近くのコンビニへ買い物に行く場合は別として、「この部分はちゃんとしてるから、ほかは手抜きでもいいや」という考えが、「ゆるさ」を生み出しているんですよ。

そしてその「ゆるさ」が、女性としての「隙」を広げてしまいます。

たしかに女性には適度な隙が必要ですが、「親近感からくる隙」と「悪習慣がにじみ出た隙」とでは、まったく意味が違ってくるんです。

しかも、一見すると些細なことであったとしても、悪習慣は積み重なったら、その悪習慣が派生した人格をしっかりと形成します。

言うまでもなく、いい男と呼ばれる男性はそういう女性を相手にしないので、思いつくかぎりの悪習慣は改善していくべきではないでしょうか。

その着こなしは危ない！ろくでもない男性が寄ってきやすい4つのポイント

先ほど、「カバンはその人の性格や思考の癖を現す」というお話しをしましたが、もちろん、性格や思考の癖が出るのはカバンだけではありません。

「服装の乱れは心の乱れ」という言葉があるように、悪い男性に引っかかってしまう女性のファッションには、やはりそれなりの理由があります。本人はオシャレなつもりでいても、どこか詰めが甘く間違っているんです。

では早速ご紹介させていただきましょうか。

まず1つ目。

1・服のサイズが合っていない

体型に対して明らかに服のサイズが合っていない女性がいます。中途半端に大きかったり、小さ過ぎたり。

サイズの合っていない服を着ている女性は、次の3つのパターンに分かれます。

店員さんにゴリ押しされて買ってしまった。

服屋の店員さんって、基本はグイグイきますよね。服屋はそういうものだと思って、ほとんどの女性はうまくかわすことができると思います。

ですが、中にはかわしきれない女性もいるんです。熟練された販売員になると、その隙をついてどんどん話しかけてきます。かわしきれない女性は、最終的に店側が売りたかった商品を買ってしまう羽目に。

そもそも、いくら販売員の接客がうまかったとしても、どうして合っていないサイズの服を買ってしまうのでしょうか。

その理由は「断れないから」。

人に何かをしてもらったら、何かお返しをしなければいけないと考えてしまい、断れない女性はこんなふうに考えてしまいます。

販売員に親切にしてもらった。
←
試着までしてしまった。
←
自分のために時間を使わせてしまった。
←
このまま帰るのも悪いし、なにか買わなきゃ。

信じられない話ですが、本当にこういった女性はいます。断れない女性は言うまでもなく、「流されやすい」ので「だまされやすい」です。

どうしてもその服がほしかった。

すごくほしいデザインの服だけど、自分に合うサイズの在庫がない。でもほしいから、多少サイズが合わなくても買ってしまう。

この行動は、「我慢ができない」「無頓着」を意味します。

「我慢ができない」は言い換えれば、「理性がきかない」ということ。

「理性がきかない」ということは、自分の欲望に忠実になるので、「甘い言葉や誘惑に弱い」ということになります。

「無頓着」は、「帰ってからもし気に入らなくなっても、また別の服を買えばいいや」という考えが根底にあるので、金銭的にだらしがないということにつながりますね。

体型がコロコロ変わる。

体重変動が激しいということは、「自己管理ができない」ことを意味します。加えて、「メンタルが弱い」。流れとしてはこんな感じです。

正攻法でダイエットが続かない。
←楽して怪しい方法で痩せようとする。
←激痩せして満足する。
←リバウンドする。
←最初に戻り、繰り返し。

たまに、「私生活（とくに恋愛）でうまくいかなくて物が食べられなくなり、痩せてしまう」という過程もこの中に入ることがあります。

この3つのパターンが、サイズの合わない服を女性が着る理由です。この分析を極端だと思う方もいらっしゃるでしょうが、一度はこの3つのパターンのどれかを経験したことがある女性もいらっしゃるのではないでしょうか。

そういった経験をしたことが悪いと言っているわけではなく、本当の問題は、サイズの合わない服を着てしまうところにあります。

なぜなら、「もったいないから」「せっかくだし」といった理由で、サイズの合わない服を着るのは、「決断力のなさ」を意味しているからです。決断力がある人なら、本当にいらない余計な物なら容赦なく捨てますからね。

それを、「いつか着るかもしれない」「1回だけ着てみようかな」と思って本当に着てしまうのは、決断力のなさゆえ。

合わないサイズの服を着る理由なんて、先ほどお話しした3パターンのうちのどれかになるので、どの理由に転んでも、サイズ違いの服を着ている以上は「決断力のなさ」がセットで付いてきます。

とにかく、サイズの合わない服は部屋着にするか、捨てる。部屋着にできない服なら、つべこべ言わずに捨てる。捨てられなければ、だれかにあげるか売る。

「ブカブカなら捨てるけど、ちょっとピチピチなだけだし、痩せたらまた着るかもしれないじゃん」と言う人が出てきそうですが、**どうせ痩せる気なんてないはずです。**痩せて着たい服がちゃんとある人は、痩せたら着る「かも」とは言わないで、痩せてあの服をもう一度「着る」と断言します。

でも、いくら痩せたいからと言って、過激なダイエットをすることはやめましょう。必ずリバウンドする原因になりますから、体型がコロコロ変わる原因になります。

ちなみに、服を買って家に帰ってからプチファッションショーをして、「あれ？なんでこんな服を買ったんだろう……？」となることってありますよね。

この現象は、お店では背筋を伸ばして服を着たのに、家に帰ってから猫背で着てしまい、服の形が崩れたことで似合わなく見えるのが原因の1つです。

それにマネキンの形は猫背につくられてないですからね。

2・服がよれている・糸がほつれている

これはもう家を出る前に「気付けや！」と声を大にして言いたいです。服がよれるということは、サイズが合っていないか経年劣化によるものだし、糸がほつれていたらハサミで切ればいいだけ。

シワが多かったり、毛玉がついてモロモロになっていたりする服を着ることも同じ。アイロンをあてましょう。毛玉を取りましょう。「だって面倒くさい」ではなく、それができないなら着ない。

着てしまう女性は「だらしない」上に「無頓着」なんです。いくらキレイな女性でも、着ている服1つでちゃんとしていないように見えてしまう。

よれよれのスーツにしわしわのシャツを着ている男性が、仕事ができそうには見えないですよね。それと同じでオシャレ以前の問題。自分の品位を保つためにも、出かける前に服装のチェックはお忘れなく。

3・やたら露出が高い

流行を取り入れた適度な露出ならまだしも、「痴女か！」というぐらい肌を露出している女性がたまにいます。そして露出が高い格好をしている女性ほど、スタイルが良くない。過度の露出ファッションをする女性は巨乳の方が多いのですが、ほかの部分もサイズが大きいです。

グラマラスで露出が高い女性がモテるのは、南米などの情熱的な国だけで、日本じゃただの見苦しいデブです。

肌を出すファッションを好む女性がいるのは分かりますが、ものには限度があります。そして本人の性格どうこうではなく、露出が高すぎる女性は単純に、悪い意味で隙があり過ぎです。

4・靴のかかとが汚い・剥げている

「ナンパをするならまず女のここを見ろ！」と昭和時代から言われているような、ポピュラーなチェックポイントです。さすがに古くから言われているだけあって、あながち間違ってはいません。靴のかかとが汚い女性は、たしかにだらしない人が多いです。

たまたまその日、泥や汚れが付いてしまったという状況なら仕方がないですが、明らかに手入れをしていない靴は、見る人が見ればすぐに分かります。

そして靴のかかとが汚い女性は、ヒールの金具部分も剥き出しになっている場合が多い。

昔の映画やドラマなどでよくある、女性がヒールをカツーンカツーンと鳴らして歩くシーン。あの音で勘違いしている人が多いのですが、あのカツーンという音は、ヒールの金具が剥き出しになって、地面に当たっている音です。通常は「コツッコツッ」て音がしますから。

金具が剥き出しになっているヒールの音を、男性が知らないのはしょうがないですが、女性が知らないのは非常にまずいと思います。靴の汚れや傷をチェックするときは、ヒールの先端部分もかならずチェックすることをお忘れなく。

以上が、ろくでもない男性が寄ってくる女性の着こなしになりますが、人格ってちゃんと外見ににじみ出てるんですよ。

なぜ、ろくでもない男性が寄って来るのかと言うと、決してこういう女性がモテているわけではなく、単に「なんとかなりそうだから」寄って来るんです。

ようは、ただ舐められてるってことですね。

次のチャプターでは、**間違いだらけの恋愛の常識**についてお話しさせていただきます。

CHAPTER 3

恋愛が
うまくいかない女性が
陥りがちな罠

恋愛がうまくいかない女性が陥りがちな罠

このチャプターでは、今まで恋愛で常識とされているようなことが実は間違いだったという事実をお話しさせていただきます。残念な現実として、今からお話することをしっかり実践している女性ほど、恋愛がうまくいってません。

それがどのようなものなのか、早速ご紹介させていただきましょうか。

間違った恋愛の常識・その①

✕ 付き合う前の男性に好きバレしてはいけません

もうね、誰がこんなしょうもないことを言い出したんやと声を大にして言いたいのですが、モテる女性はこの真逆の行動を気になる男性にいつも行っています。

僕が今までに見てきたモテる女性も例外なくそうなんですが、彼女たちは「人としての好意」をガンガンに伝えてきますし、「あなたはほかの男の人と違って特別よ感」も目一杯に伝えてきますね。

たとえばどういう感じで伝えてくるかというと、次のようになります。

- **（相手の男性が女性が喜ぶようなことをして）そういうことされるのめっちゃ好き！**
- **○○君みたいな人が彼氏だったら、女の子は最高だね**
- **こういう話ってあなたにしかしないんだけど**
- **（相手の男性の好みを聞き出しているとき、自分に当てはまっていると）それ、私じゃん！**
- **ねえねえ、あなたにしかできないお願いがあるんだけど聞いてくれる？**

などなど。

ポイントとしては、「あなたのことが好き、愛してる」と直球で言わないかぎり、相手に示した好意はすべて「人としての好意」に変換されるので、好きバレを臆することなく好意的な気持ちは伝えていった方がいいです。

それから注意点として、いくら好意を伝えると言っても、「言いたいからそう言った」という「言い逃げ」が基本であり、発言の裏に「私はこれだけ好意を示してるんだから、あなたも同じように好意を示してよね」という下心があると、それは言葉ににじみ出てしまい、場合によっては重くなるので、見返りは求めないようにしましょう。

しかし、こういうことを書くと「でも、好きってバレて調子に乗られたらイヤ」とか「こいつは俺のことが好きだし離れていかないだろうって思われたらイヤ」と言う女性がいるんですが、あのな？

不愉快なことされたら「それはイヤだ」って言えばええだけやし、言わんか

ら相手が調子に乗るねん。


それに、調子に乗る人は好きバレしてもしなくても、違う部分で調子に乗るから。

こういう男性は調子に乗ると人への感謝や配慮がなくなるので、恋愛だけでなくふだんの人間関係でも、自分が承認されていると分かるにつれ、悪い意味で調子に乗ってきます。

とはいえ、「男は調子に乗らしてなんぼ」なところはもちろんあるので、それが相手の生活に良い影響を与えるものであれば、どんどん調子に乗らした方がいいでしょう。


あと、モテる女性は例外なくほめ上手なので、ほめ言葉のレパートリーが多く、組み立て方が上手です。

彼女たちは恋愛以外の場面でも、人の良い部分を見つけることが当たり前になっていて、いいなと思ったことは素直にちゃんと「口に出して」相手に伝えることが習慣になっているので、だから男性だけじゃなく人をほめるのがうまいんですよね。

逆に、好きバレしないように必死な女性がどんな状態になっているかというと、次のようになります。

・好きバレしないように、当たり障りのない自分しか出さない
・好きバレしないように、言ったら好意になりそうなほめ言葉は言わない
・好きバレしないように、自分の本音は話さない

よーく考えてみましょう。

恋愛に関係なく、こんな信用できひんおもろない人と一緒にいたいって思う？

そもそも、当たり障りのない自分しか出してない人は、自分の人となりがほとんど相手に伝わってなくて、相手もどこまで踏み込んでいいのか分かりません。

そして、ほめ言葉を言わないということは、承認欲求が強い男性ほど一緒にいて物足りなさしか感じません。

さらに、自分の本音を話してくれない相手に本心を言うことなんてできません。

モテる女性ほど、自分をちゃんと出してくるし、ほめるし、素直に本音を話してきます。


好きバレしないことに固執している女性とモテる女性を比較して、恋愛以前に人として信用できるのはどちらの人物かをよく考えた方がいいでしょう。

ちなみに、すごく仲良くしていた男性がいて、「付き合うなら私を選んでくれるだろう」と思ってたら、ある日突然、相手に彼女ができたというケースがよくありますが、これは彼女であるその女性が、好きバレを恐れずに好意をガンガンに伝えてきたという背景が理由の1つとしてあります。

間違った恋愛の常識・その②

×相手の話を7割聞いて自分の話を3割しましょう

この法則が書かれた本はけっこう出ているようですが、ほとんどの人がちゃんと読んでない上に、ただ「相手の話を7割聞かないといけない」という表面だけをかいつまんで信じてるような気がします。

結論から言うとこの法則はいらない。その理由は、コミュニケーションは数値化できるものじゃないし、日本人は真面目な種族なので、こんな法則があるせいで無意識に「しゃべり過ぎたらいけない」と思ってしまうからなんですよ。

ほかにも、警戒心が強い相手だったらこちらから会話を誘導しないといけないので、その時点でこの法則は成立しないし、もし相手が食いつくような話題を引き出せたとして、それで言葉が饒舌になったとしても、相手が話をしてくれるのは、食いつくような話題限定になるんです。

そもそも、口数少ない人って、「思っていることを言語化する習慣」がないことがほとんどなので、そういう男性が会話の7割を話せるわけがありません。

それに、多くの女性がこの法則を真に受けて「聞き上手にならないといけない」と思っているようですが、聞き上手というのは、「話し上手・掘り下げ上手・質問上手」のことを言うので、ほとんどの場合は「聞き上手」ではなく、ただ相手の話を聞いてるだけになっています。

「へー」「そうなんだー」「すごいねー」と言うだけで聞き上手になった気になっている女性に告ぐ。

節子、それ聞き上手やなくてただの返事マシーンや。

あと、「コミュニケーションってざっくり分けると「オフェンスタイプ」の人と「ディフェンスタイプ」の人に分かれるんですよ。

オフェンスタイプは会話の主導権を握ったり、面白いことをバンバン言えるタイプで、ディフェンスタイプは聞き役に回ることが多く、相手の話を引き出すことがうまいタイプです。

これはある意味、生まれ持った性質でもあるので、たとえば前者の人が後者の人のようになろうとすると、話せないことのストレスを感じ、後者の人が前者の人を目指すと、会話をリードできないストレスを感じるようになります。

もちろん、オフェンスタイプがいつも話しすぎてたり、ディフェンスタイプがいつも話さなすぎたりと極端になるのはいけませんが、自分の性質を理解せず目指すところを間違えると、無理をすることになってしまうんです。

そういった意味でも、7対3の法則にとらわれず、あくまでもコミュニケーションを楽しむという視点に切り替えてください。

というか、話しが盛り上がったら相手が7割とか自分が3割とか関係ないやんという話です。

間違った恋愛の常識・その③

×男心を理解しましょう

これ、個人的に諸悪の根源だと思ってます。

僕の元には毎日のように「こういう場合、男性はどう考えるんですか？」といったご質問が届きますが、即答で「完全に人によります」と答えてるんです。

なぜなら、僕たちは生まれ育った環境や、価値観、考え方、関わってきた人々など、誰一人としてまったく同じ境遇の人なんていないですよね。
なので、100人いたら100通りの男性がいますし、そもそも人間を1つの枠に当てはめるなんて不可能な上に、「男性はこれこれこういう生き物」というのがまかり通るなら、みんな似たような性格になっています。

僕自身、カウンセリングをしていてクライアントの方の好きな男性を分析するときに、「男性だから」という目線で見たことは一度もないですし、まず、相手の人となりを理解するべく、「一人の人間としてどういう人物なのか」を先に考えてるんですよ。

それから、「この人はこういう部分は男性っぽいんだな」といった感じで、一般的によく言われているような男性像で該当する部分があるなら、「後付け」で「人格の一部」として当てはめてます。

一般的な男性像というのは、「男はヒーロー願望がある」とか、「男は教えたがりな生き物」とか、「男は1つのことしかできない」とか、ある意味不変的とも言えるステレオタイプの男性像のことですが、不変的と言われてきたことですら、人によるんですよ。

なので、ほぼ100%と言っていいぐらい、好きな男性のことをステレオタイプの男性像に当てはめて見ている女性は、相手のことをよく分かっていません。

もちろんそれは、肉食系、草食系、あまのじゃくタイプなど、男性を1つの枠内に当てはめようとしている女性も例外なく同じです。

チャプター1でもお話ししましたが、人間は「素養・習慣・性質」にないことは「絶対に」持続してできないので、恋愛だけ違う自分になるとか不可能なんですよ。

「釣った魚に餌をやらない」と言われている男性は多いですが、これは単に、その人が元々していた人付き合いの癖に戻っただけで、冷めたとか愛情がなくなったとか、そういうことではないんですよね。

それに、男性を1つの枠に当てはめて考えているかぎり、相手がその枠に当てはまらない行動をした分だけ、ズレが生じて分からなくなるんです。

ようは、テストで100点取れると思ってたら、間違いが何箇所も出てきて、なんで間違えたか分からないみたいな感じですね。

そもそもですが、身も蓋もないことを言うと、**もし完璧に男性心理を把握していたとしても、人の気持ちが分からない女性がいくら男心を知っていても、知っているだけではなんの意味もありません。**

そういった女性は、感情のコントロールができないし、自分の主観でしか物事を見れないので、相手の事情を考えることができないんです。

ほかにも、ふだんの人間関係はうまくいっているのに、恋愛だけうまくいかないという女性は、高確率で男性に対しいらんことをしてます。

この「いらんこと」というのは、「**恋愛視点で物事を考えすぎてる**」ことなんです。恋愛視点で物事を考えるあまり、男性はこういう生き物だから、あれをしちゃいけない、こうしないといけないといった感じで、接し方がぎこちなくなってるんですよね。

そもそも、恋人同士であったとしても、セックスしてるときとイチャついてるとき以外、ふつうの話しかしてないんだから、根本はどこまでいってもただの対人コミュニケーションということを忘れてはいけません。

なので、ふだんの人間関係がうまくいっている女性は、いつもの自分を恋愛にスライドさせるだけで、大幅に恋愛成就率が上がるんですよ。

そういった理由から、男心とか男性心理とか別に学ばなくていいので、目の前にいる男性の心や気持ちを理解するよう努めましょう。

相手を冷静になって「一人の人間」として見たとき、今までどれだけ狭い視野に相手のことを閉じ込めて見ていたかに気付くはずだから。

ちなみに、「男を見る目」って「人を見る目」と同じです。


以上のことから、今まで恋愛で常識とされていたことが、いかに間違いだったか分かっていただけたでしょうか。

努力でモテるようになった女性を除き、素でモテている女性はこの3つの常識と言われることを無視してますし、そもそも恋愛系の本やコラムも読んだことがない人が多いです。

彼女たちは、思ったことを素直に口にし、自分に時間を使ってくれている相手とのコミュニケーションを楽しいものにしようと考え、一人の人間として相手の男性を観察しているだけなんですよ。

そこんとこお忘れなく。

恋愛がうまくいかない女性が必ずやってしまっていること

たまに、「1回目のデートには誘われるんですが、2回目のデートをしないまま終わってしまうことが多いんです。何が原因でしょうか？」とご相談いただくことがあります。

おもんないからやで？

残念ながらそういうことなんですが、これは正確に言うと、その女性が面白くないというよりか、ただの世間話でデートを終えてしまっていることが原因としてあります。

たとえるなら、あるドラマを「あ、これ面白そう」と思って見始めたのに、最初から最後までなんの山場も見せ場もないシーンの連続を見せられたら、そのドラマの続きを見たいなんて思わないじゃないですか。それと同じことなんですよ。

ほかにも、「毎日のようにずっとやり取りしているのに、一向に距離が縮まらない」と言う女性も同じで、よくよく話を聞いてみると、ただの世間話しかしていないということがけっこうあります。世間話だけで仲良くなれるわけないやんという話なんですが、彼女たちが何をしていないかというと、「自己開示」なんですよ。

ようは、自分のことをぜんぜん話してないということなんです。

では、自己開示してない女性がどのような状態になっているかというと、次のようになります。

- 嫌われないように当たり障りない自分で勝負
- 自分語りにならないように発言をつつしむ
- 変に思われそうな趣味や特技は言わない
- 本音を話すより相手に合わせる
- 相手の話をただ聞いてるだけ

こんなん、一緒にいる人、ただの苦行やん。家でオナニーしてた方がまし。

ちなみに、自己開示しないのって女性だけじゃなく男性も多いみたいで、その事実を物語っていることの1つに、婚活パーティに参加した人の意見というのがあるんですよ。

よく聞くのが、「婚活パーティに参加したけれど、誰と何話したか覚えてない」というもの。

ようは、それだけ印象に残らないような会話をしている男女が多いということなんです。


次に、自己開示しないとどういうことが起こるかをお話しさせていただきましょう。

1・自分の人となりが分かってもらえない

たとえば、あるお店があってなんか気になるけど、何屋さんか分からないんです。中に入ってみるまで、何が売ってるのか分かりません。

これを恋愛に置き換えると、相手が自分に対して何か踏み込んだことを質問してくれないかぎり、いつまで経っても自分のことを分かってもらえないということです。

2・自分を売ることができない

モテる女性は自分をプレゼンするのが上手です。

でも、自己開示しない女性は、自分の長所が分かってない上に、自慢できるようなことがあったとしても、「自慢話みたいになったらイヤだから」という理由で言わないいんですよね。

たしかに、延々と続く自慢話は嫌がられますが、適度に自分の長所をアピールできないと、自分の良さって思ってる以上に伝わってないいんです。

言い方1つで自慢話が長所アピールになることを忘れてはいけません。

3・相手が自分のことをどう扱っていいか分からない

たとえば、ある商品を買うとするじゃないですか。

使い方を知ろうと取扱説明書を読んだのはいいけれど、何も書いてないいんです。

自己開示って、自分の取説を相手に渡すことでもあるので、説明がいっさいないままだと、相手はいつまでも扱い方が分からないままになってしまいます。

4・信用されない

当たり前です。

本音を話してくれない相手に、本心を見せようなんて思いません。

5・自分のことを話すタイミングがなくなる

世間話ばかりをすればするほど、「今さら自分のことを話したら引かれそう」と思ってしまう女性もけっこう多いようです。

実は、恋愛に進展しやすい人って男女問わず、初対面で自分のことをバンバン話してきます。

最初に自己開示しておかないと、どんどん言いづらい空気を「自分で」つくり出してしまい、相手も変な気まずさを感じるようになってきます。

具体的な自己開示法

では、具体的にどうやって自己開示すればいいかというと、その方法は4つあります。

1・自分の喜怒哀楽について話す

自分がどういうときにどういった感情を抱くのか分かってもらえないと、相手は自分のことをどう扱っていいか分かりません。

よく、「彼氏がぜんぜん大事にしてくれない」と言う女性がいますが、ほぼ高確率で彼女たちは自分の感情について恋人に話してないんですよ。

精密機械でも、「高温多湿は避けてください」とか「水につけると故障の原因になります」といった感じで注意書きが書いてあるのに、人間も同じように自分の扱い方を伝えていかないと、相手は相手のペースで自分のことを扱ってくるんです。

なので、次のようなことは積極的に伝えていきましょう。

- **何されたら嬉しい**
- **何されたら楽しい**
- **何されたら悲しい**
- **何されたら腹立つ**
- **何されるのが好き**
- **何されるのが嫌い、苦手**

たとえば、「私、そういうのめっちゃ嬉しい」とか、「こういうことする人は苦手なんだよね」という感じで、自分の感情について話していくことです。

相手が自分の感情について話してきたときは乗っかるチャンスでして、「今日これこれこんなことがあってめっちゃ腹立ってさー」みたいな感じで話してきたら、共感できるものであれば「分かる！ それ私もすっごい腹立つもん」と自己開示することができます。

もし、共感できないことだったとしても、相手の感情を知るということは相手を知ることになるので、理解力が深まるという点で儲けものです。

感情のほかにも自分の性質についても話しておいた方がよくて、これはどういうことかというと、「お腹がすくと機嫌が悪くなる」とか「集中してるときは周りが見えなくなる」といった感じのことですね。

2・弱点はちゃんと伝える

僕が「対比論」と呼んでるものがあってこれは何かというと、物事には対比となるものが存在して初めて、良い部分が際立つという法則です。

たとえば、僕たちは仕事をしてなかったら休みの日が訪れることに楽しみを見い出せませんよね。喜びも、辛いことやしんどいことがあったからこそ、際立つということです。

よく、「私は彼にとって居心地のいい存在を目指してます」と言うクライアントの方がいらっしゃいますが、僕は必ず「え、ほかに何か心がけてることはありますか？」と聞きます。

そうするとほとんどの女性が、「癒やしを与えられるようにしている」とか「いたわってあげている」と返してくるのですが、僕はその度に「それだけやっていても、疲れたときたまに行くマッサージ屋さんぐらいの役割しかできてないですよ」とお伝えしてるんです。

なぜなら、癒やしには「刺激」という対比がないと癒やしが際立たないんですよ。

ちなみに、ここで言う刺激とは、「発見・驚き・新鮮さ」のことを指します。

そういった理由から、自分の長所を際立たせるために、長所だけを伝えていくのではなく、弱点になることもちゃんと伝えていかないといけないんですよね。

この弱点とは、「自分の能力上できないこと」なんですが、例にだすと「私、めっちゃ方向音痴なんだよね」みたいなことです。

ほかにも、できてないことに見栄をはると、虚勢をはってるようにしか見えない場合があるので、それならばしょうもないプライドは捨てて「実はできない」と言った方が謙虚かつ誠実に見えるんですよ。

どういうことかというと、たとえば名だたる経営者の方の多くは、素直にできないことはできないと言う人ばかりなので、自分にできないことをしている人を見ると「自分にはそれができないからすごいですね」とか、「それ、できないからどうやってやるのか教えてくださいますか？」といった感じで、素直に自分の弱点を開示されます。

ここで、自分にはできないことなのに「あんなの大したことない」なんて言う人と、しょうもないプライドを捨てて「できない」と言う人のどちらが信用されるかは、言うまでもないことですね。

それに、見栄をはってることのほとんどが、自分で思っている以上にできていないという現実があることを忘れてはいけません。

自分の弱点を伝えることは、長所を際立たせるだけでなく、正直で誠実な人間に見え、しかも良い意味での人間くささを感じてもらいやすくなるので、人としての魅力の底上げに一役も二役も買ってくれる行為なんです。

もちろん、長所を伝えないまま弱点ばかり伝えていると、ただの自虐キャラになるのでその点はお忘れなく。

とはいえ、生活力に関することでできてないことを開示するときは、注意が必要かもしれません。

たとえば、「料理ができない」とか「掃除ができない」といった類のことですが、これは「今までしてこなかったから今は料理を勉強中」とか、「片付けられない女だったから、もうそんな自分からは卒業しようとしている」といった感じで、現在進行系で改善しようとしてるという意思表示をするといいのではないでしょうか。

もちろん、言ったからには改善しないといけないのですが、中には、「家事全般なんにもできない」と公言しているのにモテてる女性がいるのは、それだけ対比になる長所が魅力的なものだからだと思います。

ほかにも「ワガママな女性はモテる」と言いますが、これも「素直」「献身」という対比がちゃんとあるから彼女たちはモテるのであって、ただのワガママな女性はモテません。

3・言いにくいことは先に言っておく

これは何かというと、年齢、離婚歴、子どもの有無、学歴、職業といったところですが、ようは、後からバレるであろうことは先に言っておいた方がいいということなんです。

逆に言わない方がいいことは、「聞いていて暗くなるような話」「聞いていて不愉快になる話」「墓場まで持っていこうと決めていること」ですね。

なぜ、最初に言いにくいことを言っておいた方がいいのか。

中には、「仲良くなってから言った方が受け入れてもらいやすそう」と思った方ももちろんいらっしゃることでしょう。

実は、逆なんですよ。

相手が元々否定していることって、仲良くなってから告白しても、受け入れてもらえないことがほとんどなんです。

以前、あるクライアントの方が在日外国人で、「どのタイミングで打ち明けたらいいか分かりません」というお悩みを打ち明けられたんですよ。

僕は即答で「できれば初対面ですね」と答えたんですが、彼女は驚いて「仲良くなってからじゃないんですか？」と聞かれたんです。

そこで、「この人だったら大丈夫だろうと思って打ち明けた相手が、受け入れてくれなかったことってなかったですか？」と聞いたら、「あります！　あります！」と答えられたんですよ。

このケースからも分かるように、受け入れてくれない人ってどのタイミングで言っても受け入れてくれないんですよね。

僕もこの方法は人付き合いの鉄則として心がけていることなんですが、最初に言いにくいことを伝えて、それで受け入れてくれない相手とは付き合わない、そう決めてるんです。

自慢できることではありませんが、僕は中卒、免許なし、資格なしでこれまで生きてきまして、これら3つをコンプレックスどころかむしろ、「ないけどめっちゃ幸せやもん」という感じで、自分の武器とすら思ってるんですね。

初対面の人に「僕はこれこれこういう感じで生きてきました」と伝えて、それで面白がってくれたり興味を持ってくれる人とは付き合いを続け、引く人とは必要以上に関わらないようにするか、付き合わないいんです。

基本的に、自分のことを受け入れてくれない人って、何しても受け入れてくれない場合がほとんどですし、否定目線で相手のことを見ている人は、どれだけその人に好かれようと働きかけても、「どこかほかに否定できる部分があるはずだ」と無意識に、否定の証拠探しをしているんですよ。

なので、最初の段階で自分を受け入れてくれる相手かどうかふるいにかけるため、言いにくいことは先に言っておく方がいいでしょう。

そういった意味で、自分の弱点を伝えることも、受け入れてくれる相手かどうかジャッジするために必要なことと言えますね。

自分の長所を受け入れてくれる人はたくさんいますが、短所も受け入れてくれる人じゃないと長続きしません。

4・思ってることはちゃんと言う

相手がどう思うかばかりを考えてしまい、思っていることをちゃんと言えない女性がけっこういます。相手がどう思うかを先に考えてしまうと、「何を言おうか？」になってしまうので、純情な感情が空回りして言いたいことの3分の1も伝わってないんですよね。

基本的に、主体性がない女性の恋愛はうまくいきづらい傾向にあるのですが、まず、「自分がどう思っているか？」が先にこないとダメなんです。

そこで「何が言いたいか？」が次にくるのですが、この後に発言する前にワンクッションを挟まないといけないので、ちょっと待ってください。

では、何を挟むかというと、**「相手の事情を考えた上で、自分の言いたいことを正しく伝えるためにはどういう言い方がベストか？」**を考えるんですよ。

それを考えた上で、発言するということです。

なぜなら、「何が言いたいか？」の次に発言すると、場合によっては相手を傷つけたり、感情的な言い方をしてしまうことになりかねないからなんです。

言葉ってなんでも言い方です。

前述したワンクッションを挟むだけで、相手の受け取り方は大きく変わると言っていいでしょう。

言いたいことがあるのに我慢していると、結果的に後々爆発してしまうことも多いので、それならば、そのとき思ったことはちゃんと相手に伝える。

そもそも、言いたいことも言えない関係が長続きするわけがないですし、ふだんから人に思ってることをちゃんと言えない女性は、常日頃からいろいろな人に対して思ってることを伝える訓練をしていく必要があるでしょう。

以上が自己開示の方法になります。

しかし、ここである罠がありまして、自分のことをよく分かっていない女性は、何をどう自己開示していいのか分からないんです。

ようは、「自分のことを知らない」ということなんですが、自分のことを分かっていないと、相手に開示のしようがありませんよね。

そこで、チャプター4では**自分を知るための方法**をお話しさせていただきます。

CHAPTER 4

だまされない女の
つくりかた

だまされない女のつくりかた

自分を知ることの重要性

まず、大前提として理解していただきたいことがありまして、多くの女性が勘違いしているのですが、「自分が好きになった人＝自分に合う人」ではありません。

カウンセリングでも、「好きになった男性は、自分にはことごとく合わない人ばかりだった」という事実に後から気付かれる女性は、ものすごく多いんですよね。

なぜ、自分に合わない人を好きになり、追いかけてしまう女性が後を絶たないのかというと、どこまでいっても「**自分のことを知らないから**」なんですよ。

自分のことを知らないから、自分に合う人が分からず、自分に合わない異性に執着してしまうわけです。

そしてチャプター3でもお話したとおり、自分のことを知らないと自分のことを説明できないので自己開示ができません。

恋愛以外の場面でも、自分のことを知らない人にかぎって、自分の能力にないことを一生懸命に頑張ってなんとかものにしようとしていますが、これはたとえるなら、魚が猿に憧れて木登りを頑張るようなものなんですよ。

「いやいや、アンタ陸あがったら死にますやん！」という話になるのですが、僕は自分のことを知らない人で、恋愛と人生がうまくいっている人を見たことがありません。

自分のことを知らないのは、ゲームでたとえるとこういうことになるんですよ。

自分が扱うプレイヤーがどんな能力を使えて、どんな魔法が使えるか分からない、そもそも魔法が使えるかどうかも分からない。

しかも自分のレベルすらも分からない。

この状態で「さあゲームを始めてください」と言われるようなものなんです。

いわば、ランダムで決められた主人公を、取説なしでゲームを始めるようなものであり、これがゲームだったら道筋がある程度決まっていますが、現実世界だと完全な迷子になります。

ではここで、自分のことを知らない人がどんな人生を送っているのか見てみましょう。

- **自分が何をすれば向いているか、何をしたいか分からないので、仕事の選択を誤る**
- **自分が何をすればいいのか分からないので、人の評価や世間体がベースの生き方になる**

・自分の強みが分からないので、できない部分（弱み）に
目を向けて、できないことをなんとかしようとする

・自分のことを客観視できていないため、自分を過大評価したり過小評価したりする

・何かを始めるとき、自分のことを過信して
ハードルを高く設定しすぎて続かず、すぐに挫折する

・自分のことを知らないため、うまく自分のことを説明できず、
他人に自分の人となりが理解されにくい

・自分のことが分かっていないので、内面をほめられてもピンとこない、
もしくは素直に受け取れない

・自分が何をしたら楽しいか、何をしたら心地よいかを知らないため、やりたいことが見つからない

・自分の好き嫌いをちゃんと分かっていないために、一般的に流行っているものに流されやすく、狭い価値観の中でしか生きられない　　　etc……

逆に、自分のことを知ると、こういうことが起こります。

・すべての人間関係において、自分に合う人合わない人が分かる
・自分が何をすれば向いているか向いていないかが分かる
・心の声に従い、自分が何をすればいいのか分かる
・自分の強みと弱みが分かる
・やる前から、できるかできないかの判断がつくようになる

・考える習慣がつくので、悩みに流されず
悩みの原因をどう対策すればいいか考えるようになる
・自己紹介がしやすくなる
・自分がどういった人に好かれて、
どういった人に受け入れてもらえないか分かるようになる
・客観的に自分を見ているので、現時点での自分の限界が分かる
・自分のことを話せるようになるので、自分の人となりが相手に理解されやすい
・自分が何をすれば楽しめて、何をすれば心地よいか分かっているので、
やりたいことが見つかりやすい
・自分の軸があるので、周囲に流されにくくなる

etc……

いかがでしょうか。
自分のことを知らない人と、知っている人とでは、今後歩む人生が大きく変わることが分かっていただけたはずです。

なので、まずは自分を知る上で必須になる2つのことをお話しさせていただきたいのですが、今この箇所を読まれてる読者さんの中には、「そんなことといいから、早く自分に合う人の見つけ方を教えて！」と思っている方もいらっしゃるのではないでしょうか。

まあ焦るな。

ていうか、そういうところやで？

楽して自分の知りたい情報「だけ」を得ようとして、本質に目を向けないところ。
なので、遠回りせずに順を追ってお話しさせていただきます。
自分を知るために必要になる2つのことがこちらです。

1・自分に対して問いかけを繰り返す

2・自分の強みと弱みを知る

それでは、1つずつご説明させていただきましょうか。

自分に対して問いかけを繰り返す

自分を知ることとは、自分に問いかけ続けることなんです。

自分に対して常に「なんで？」と問いかけ、今の自分を形成しているもののきっかけを知りましょう。

そんな自分に対しての問いかけですが、具体的な方法はこのような感じになります。

・自分が何が好きで何が嫌いかを考える

→なぜ、それを好きなのか、それが嫌いなのかを考える

・自分が過去にしてきたことやしたかったことを考える
↓なぜ、それをしたのか、それをしたかったのか考える
・自分が何が得意で何が不得意かを考える
↓なぜ、それが得意なのか、それが不得意なのかを考える
・自分が楽しさや喜びを感じることはなんなのかを考える
↓なぜ、それに楽しさを感じるのか、それに喜びを感じるのかを考える
・自分が怒りや悲しさを感じることはなんなのかを考える
↓なぜ、それに怒りを感じるのか、それに悲しさを感じるのかを考える
・自分がしたいことと、したくないことはなんなのかを考える
↓なぜ、それがしたいのか、それがしたくないのかを考える

・自分が何に恐怖しているのかを考える

↓なぜ、それを恐怖に感じるのか考える

etc……

ポイントとしては、自分の人生を子どもの頃までさかのぼって、「なんで？ なんで？」と考えることです。こうやって自分への問いかけを続けていくと、今まで見えてこなかった自分を再発見できますね。

単純に、自分のことを知らない人って、自分の内面に興味がないんですよ。だから、他人の内面にも興味を示せないんです。

だって、**自分に対して興味が持てないことを、他人に持てるわけがありません。自分にできてないことを他人にできるわけがない**ですからね。

相手の男性のことが好きだと言いながら、相手にまったく興味を持てていない女性はかなり多いのですが、彼女たちはほぼ例外なくと言っていいほど、自分の内面に興味がありません。

彼女たちの相手に向ける興味は、「彼は私のことをどう思ってるんだろうか」「私のことを好きでいてくれるんだろうか」「彼は今何をしてるんだろう」「彼は今何を考えてるんだろう」という、興味という名の「ただの詮索」です。

しかし、自分の内面に興味を向けだすと、自分のことを知るにつれて「私はこうだけど、ほかの人ってどうなんだろう?」という疑問が出てくるので、好きな相手だけじゃなくて、人全般に対して興味が持てるようになるんですよね。

そうすると、自己開示しやすくなるだけではなく、相手を本当の意味で「理解する」こともできるようになるわけです。

自分の強みと弱みを知る

「私、なんの取り柄もないんです」と言う女性がいますが、「そんなわけあるかいな」といつも思っています。

なぜなら、人間はどれだけ取り柄がないと自分で思っていても、自分だけの強み、いわば長所は必ず存在するからなんです。

「でも私、そんなもの持ってません！」と言う女性がいらっしゃるかもしれませんが、そもそも強みとはなんなのかというと、自分では「無自覚かつ当たり前にできてしまうこと」なので、自分が持つ強みに気付かない人がかなり多いんですよね。

たとえば、人から「すごいね！　なんでそんなのできるの？」とほめられたことでも、言われた側の人が無自覚なら、「はあ？　なんでって言われても、こんなの誰でもできるっしょ」と思ってしまうのが、その人が持つ独自の強みだったりします。

では、具体的に自分の強みをどうやって探すのか、次に記載させていただきましょうか。

・自分では当たり前にできてしまうものは何か
（無自覚かつ、無意識にできてしまうもの）
・他人ができなくて「なんでそんなのもできないの？」とイライラしてしまうものはなんなのか
（自分だけができて、他人にはできない能力である可能性が高い）
・人より早くできてしまうものは何か
（自分だけが人より異様に早くできてしまうもの）
・大して努力しなくてもできてしまったものは何か
（とくに、難しいと言われていたことなのに、簡単にできてしまったもの）
・人から「すごい、そんなことできない」と言われたことはなんなのか
（ほめられて、自分ではピンとこなかった場合、強みである可能性が高い）

・なぜかうまくいってしまうこと、不思議な能力は何か
（タクシーでなぜかお金をまけてもらえる・友達の家の絶対に人になつかないペットがなついてくるなど）
・アナタの人生からなくなったことがないものは何か
（お金・仕事・恋人など）

こうやって掘り下げて自分のことを探ってみると、意外に「あ、私ってこういうことができてたんだ」と思われるのではないでしょうか。

ほかにも、「え、これが自分の強みなの？　そんなのでいいの？」と思ってしまうことが、案外ほかの人が苦手だったりすることもよくあります。

そして、強みとは、自分だけに与えられた一生分の「決められた」食材のようなものなので、交換や取り外しが不可能なんですよ。

ようは、魚と野菜しか与えられていないのに、「肉ときのこがほしい」と思っても、

それはできないんです。

なので、自分に与えられた食材をおいしく料理するか、まずく料理するかはその人次第なんですよね。

しかも、「自分がいらない強みは使わない」という選択肢は例外なくといっていいほど叶わないので、諦めて使うしか方法がありません。

この場合、子どもの頃や生きてきた中で自分の一部を否定されたことによって、「そういう自分じゃダメなんだ」と思い込んでることが多いんですよ。

どういうことかというと、ある女性のお話を例に説明させていただきます。

「子どもの頃からなぜかいつも目立ってしまって、それでいじめられたり、妬まれたりしたことがあって、それがトラウマで、大人になっても目立たないように生きてきました。でも、目立たないようにしようと思っても、どうしても目立ってしまうんです」といったお悩みを彼女は僕に打ち明けてくださいました。

これは、僕が「出役（でやく）」と呼んでいる強みでして、僕にもある強みなんですが、人前に出て力を発揮する能力なんですよ。

そして、この強みを持っている以上は、何をしても目立ってしまうので、諦めて強みを全開にして人前に出るか、今後も「イヤだな、目立ちたくないな」と思って生きていくかの二択しかないんです。

そして、自分が持つ強みとは、他者からすると喉から手が出るぐらいほしい場合が多く、この出役の強みでたとえると、アイドルになりたいのにこの能力がない女性たちからすると、「いらないなら私にちょうだいよ！」という能力なんです。

なので、僕は目立たないように生きてきた彼女に対し、「人前に出ると言っても、人の役に立つように使うことができるので、そういった目線で考えてみてはいかがでしょうか」とお伝えさせていただきました。

そういった理由から、本来なら強みである部分を否定された経験から、強みがコンプレックスになっている場合も多々あるんですよね。

ほかにも、高身長といった外見的特徴も強みとして全開にすると立派な武器になるのですが、高身長をコンプレックスに思っている女性は、背が低く見えるように猫背になっていることが多いです。

この女性は、今後も高身長をコンプレックスに感じながら猫背で生きていくか、プロポーションと歩き方を整えて背筋を伸ばし、高身長を活かすかの二択になるんですよね。

そういった理由から、強みとはその人自身に生まれ持って与えられた、まぎれもない自分の長所なので、封印することは不可能ですから、「どうやって活かすか？」を考えないといけないんですよ。

では逆に、弱みとはなんなのかというとこれは自分の弱点でして、死ぬ気で頑張っても中の下ぐらいにしかならない能力のことです。

そして、ここでショッキングな事実をお伝えせねばいけないのですが、弱みってどうにもできないので、なんとかするんじゃなくて、切り捨てないといけないんですよ。

厳密に言うと、切り捨てるというよりか、「自分の弱みは○○だから、それを踏まえた上でどうやってカバーするか」を考えるということです。

僕の話で恐縮ですが、僕は極度の方向音痴でして、今までなんとか改善しようと頑張ってはみたのですが、「これは弱みなんだ」と気付いてから、改善するのを諦めました。

この場合、方向音痴を改善しようとしても直らないので、「方向音痴だから、初めて行く場所で人と待ち合わせている場合は、15分早く家を出る」といった感じで、「道に迷う前提で」方向音痴をカバーしないといけないいんですよ。

ようするに、自分の能力にないことは改善して身につけるのではなくて、「自分にはそういう一面がある」と「自覚」して、「うまく付き合っていく」というのが、弱みの対処法になります。

間違っても、改善しようと躍起になったら、前述した魚が猿に憧れて木登りするようなことになりかねないので、注意してください。

以上が、自分のことを知る方法になりますが、自分のことを深掘りすればするほど、いかに今まで自分に対して興味がなかったか、お分かりいただけたのではないでしょうか。

自分の強みを理解すればするほど、自己開示で長所を説明するときに役立つだけではなく、自分の活かし方も分かるようになってくるので、まさしく一石二鳥ですね。

ではここで、ようやくアナタに合う異性はどういった人なのかをお話しさせていただきますが、ここまで読み進められた方の中にはすでに、今まで追いかけていた異性が実はまったく自分に合ってなかったと気付かれた方もいらっしゃると思います。

自分に合う異性とは一言で言うと、「**友達にできる人**」なんですよ。

だって、友達にできない人って友達にできない理由がちゃんと存在しますよね。

- **一緒にいて楽しくない**
- **笑いのツボがぜんぜん違う**
- **常識、価値観がことごとくズレる**

・一緒にいて、なんか変な意味で心がざわつく
・話がまったく噛み合わない

などなど。

こういった異性と、恋愛関係になったところで、友達にできない理由がチャラになるわけではないので、合わないのは合わないままなんですよね。
なぜなら、人は習慣と自分の性質にないものをずっと持続させることはできないので、恋愛だけ違う自分を出し続けることは不可能なんですよ。

なので、「いいな」と思った異性に出会った場合、相手の男性のことを「この人と友達になれるだろうか？」という視点を持って、ちゃんと見てください。
そこで、「友達になれないな」と感じてしまった場合、もし交際に発展しても、合わなくていずれ別れがやってくると思った方がいいでしょう。

ちなみに友達とは、言いたいことを言い合えて、聞きたいことを聞ける、一緒にいてストレスを感じない存在のことを言うので、一緒にいて楽しいけれどストレスを感じてしまう時点で、その感じたストレス分だけ友達の役割ができていないことは忘れないでください。

アナタの恋愛がうまくいかない理由 彼のことが好きって言うけど、それって本当に純粋な恋心？

「彼のことが好きなんです！　どうにかして付き合いたいんです！」

カウンセリングをしていると、このようなご相談がほぼ毎日あります。

しかし、クライアントの方の話をよくよく聞いてみると、「これは恋愛感情ではないな」と気付くことがよくあるんですよね。

僕はその度に、「〇〇さんは彼のことが好きなんじゃなくて、ただ執着されているだけですよ」とお答えさせていただいております。

しかし、彼女たちは今まで「好きと錯覚して相手を思い続けた時間」と、「これは恋愛感情に違いないという自分の目利き」を自分で否定したくないために、相手を思う自分の気持ちが執着であることをなかなか認めることができません。

ようは、本当の自分の気持ちに目を背けて、執着からくる感情にしがみついているんですよね。

僕もそうなることは想定内なので、彼女たちの気持ちが恋愛感情ではなくただの執着である理由とその根拠をお話しして、その日のカウンセリングを終えることが多いです。

そうすると、ほとんどの女性が次のカウンセリング時に、「藤本さんの言ってたとおり、私は彼に執着していただけでした」と目を背けていた「本当の自分の気持ち」に気付かれます。

見出しにもある「純粋な恋心」とは、「この人と一緒にいたら楽しいだろうな」「なんてステキな人なんだろう」「彼のために何かしてあげたいな」という、**見返りを求めない混じり気がない気持ち**のことです。

しかし、この純粋な気持ちに執着が入れば入るほど、その気持はたちまち自分の承認ほしさに切り替わってしまいます。

それではここで、執着についてお話しさせていただきましょう。

恋愛においての執着とは、「女として特別扱いされた自分が忘れられないから、もう一度その自分を体験したい」という動機に基づいているんですね。
ようするに、相手に執着すればするほど、「自分の承認を追い求める」ようになるのが、執着なんです。

見返りほしさに尽くしてしまう女性もこれに当てはまりまして、相手に尽くすのは自分を認めてほしい、分かってほしいという気持ちからの行為になります。

もちろん、多くの人たちの恋愛は、多かれ少なかれ執着が入り混じっているので、執着を全否定するわけではないのですが、中にはただの執着を恋愛感情だと錯覚している女性がたくさんいるんです。

その場合、出会ってから別れるまで、相手に対して一度も恋心を抱いていないんですよね。

では、「**執着恋愛**」とも言える彼女たちの恋愛がどのようなものなのか、その特徴を次に記載させていただきます。

・いい人が見つからないときに出会った
・最初は「なんとも」思ってなかった
・相手からグイグイこられて気持ちよくなってしまった
・以前より相手が冷たくなって、不安の感情を「好きだ」と錯覚
・相手から「好き」とか「付き合おう」の言葉を必死に引き出すことが目的になる
・食いつきがあった頃の相手のテンションが今も持続してると思っている
・相手の悪い部分に目を向けずに美化しかしない
・そばにいればいつか振り向いてくれると思っている
・この人しかいないと思い込む
・ちょっと優しくされると自分を丸ごと受け入れてくれたと錯覚
・ほとんど連絡がない状態の中、相手からメッセージが来て、それがたとえ短文であっても異様に喜んでしまう
・とにかく現実が見れてない

こんなん、恋愛どころかふつうの人間関係にもなってないやん。

まず、周囲にいいなと思う男性がいない場合、ふだんなら反応しないような男性にも反応するようになってしまいます。

これはお腹がすいて焼肉屋を探しているのに、どこのお店も閉まっていたり満席だったりして入れない状態が続いていて、お腹すいてるし肉ならなんでもいいかと思って焼き鳥屋に入るようなものなんですよ。

そうすると本当は牛肉が食べたかったのに、お腹がすいているから焼き鳥でもおいしく感じてしまうというわけです。

これは、「女としての承認が足りず渇望している」状態になりますね。

しかもそんなときに出会った男性を追い求めていると、時間をかけた分だけさらに執着を生みます。

「私は彼のこと好きなんだろうか、どうなんだろう。いや、きっと好きなはずだ、こんなに時間も使ってるんだし」となりやすいのですが、そもそも相手が誰であれその男性を好きでいないといけない理由なんて、どこにも存在しないんですよね。

人生単位で考えたとき、自分にとって本当に必要な相手なら、まずすれ違いだらけになることはないですし、こういった部分をよく考えなければいけないです。

というか、そもそも「なんとも思ってなかった」ということであれば、それは「人としてもなんとも思ってなかった」ということになります。

恋心が生まれるときは、「この人感じいい人だな」とか「なにこの人、ちょっと苦手かも」といった感じで何かしらの「引っ掛かり」があるはずです。

さらに、執着恋愛に突き進む女性に必ずと言っていいほどセットで付いてくるのが、「選択肢がその相手しかいない」ということなんですよね。

選択肢の幅って、どこまでいっても自分で狭めているだけなので、視野を広げれば選べる異性が当たり前のように存在するわけです。

なぜ、彼女たちはそれでも選択肢の幅を広げないのかというと、「この人を逃したら次にもういい人に出会えないかもしれない」という錯覚をしていることも多いので、「その人は別にいい人ちゃうで？」とか、「その人、悪い人じゃないかもしれんけど、自分に合わへんで？」という事実を分かってないんですよね。

ちなみにこの錯覚は、「もう自分のことを女として承認してくれる異性はこの人以外にいないのではないか」という不安です。

ブラック企業に就職が決まって最初は「何かあったらいつでも辞めればいい」なんて思ってたのに、精神が蝕まれるにつれて「この会社を辞めたら、もうどこも自分を必要としてくれないのではないか」と思い込んで、視野が狭まるのとよく似ています。

なので、今この本を読まれているアナタに、心当たりがありすぎてドキッとしたり、イラッとしたりしたのであれば、それは「図星」ということなので、現在追いかけている相手との関係が執着恋愛になっていないかよく考えた方がいいでしょう。

執着恋愛から脱するためには、まず自分が「執着している」という現実と事実を「自覚」して、相手と距離を置くか離れるかして冷静になることです。

なぜ、相手を遠ざけるかというと、たとえば麻薬中毒者の前に麻薬を置いてたら、その人はいつまで経ってても麻薬をやめられないのと同じなので、関係をいったん断ち切らないことには、執着は消えないんですよね。

「相手から関係を切ってくれればいいのに」という甘い考えを持っている女性は、麻薬中毒者が「麻薬の売人が連絡してこなければいいのに」と言ってるのと同じことなので、現在、付き合わないまま身体の関係を続けていて思うような進展が得られていない女性は、「自分で」相手との関係を断ち切る覚悟と勇気が必要です。

そして、1人になって、「自分は何をそんなに執着していたのか」「自分は何をそんなに承認してほしかったのか」を考えてください。

前述した、「過去の巻き返し」をしようとしている女性も、何度も同じような男性を選んで失敗しているのであれば執着恋愛と同じなので、1人になって冷静になり、自分を振り返って考えましょう。

ルックスだけに惹かれて付き合うと高確率で失敗するそのわけとは？

このセクションタイトルを見て、「そんなの相手の性格をちゃんと知らずに付き合うからでしょ」と思った方がたくさんいらっしゃるかもしれませんが、分かっていてもルックスから入ってしまい、そのまま相手の内面をちゃんと見ずに男性のことを追いかける女性が後を絶ちません。

ルックスから入るなとは言わない。

しかし、入ってからが問題でその後は必ず、性格やフィーリングがちゃんと合うかを確認しないといけないんです。

そういえば、超絶モテる女友達がこんなことを言ってました。

「私、どれだけルックスがドンピシャの男の人が、私のことを好き好き言ってくれても、性格とかフィーリングが合わなかったら、絶対に付き合わない。だって、それで付き合ってもどっちかが我慢しなきゃいけないし、そのうち別れるじゃん。そんなの時間の無駄」

まさしくその通りとしか言いようがないのですが、ではこのひどく抽象的とも言える、「性格とフィーリングが合う」とは一体どのような状態のことを言うのか。

一言で言うと、「なんとなく」この人と一緒にいると合うなという状態です。

まさか僕がこんなふんわりした答えを自分で言うとは思ってもみませんでしたが、もっと突き詰めて考えるとこういうことになります。

- **笑うポイントが同じ**
- **怒るポイントが同じ**
- **悲しむポイントが同じ**
- **楽しむポイントが同じ**
- **その人と一緒にいると飾らない自分でいられる**

これが性格とフィーリングが合うということです。

ようは、喜怒哀楽のポイントが同じで、無理をしない自分でいられる相手ということですね。

とくに、怒るポイントが同じ人は合う傾向にあります。フィーリングが合う部分に関しては、思ったこととか何かしようとしたときのタイミングが重なることも多いですね。なので、一緒にいて自分が何かしら無理をしないといけない相手は、後述する本命コミュ障である場合を除き、無理をした分だけ合わない相手ということになります。

そういった理由から、いくら趣味や話が合ったからと言って、その相手が必ず合うとはかぎらないんですよ。

現在気になる男性に対し、「趣味も話も合うはずなのに、この居心地の悪さはなんだろう？」と思ってる女性がいらっしゃいましたら、それは高確率で性格とフィーリングが合わない可能性が高いので、よく考えてみた方がいいでしょう。

アナタの好きな彼は人として大丈夫？
人間性に難がある男性とは
良い関係が結べないその理由

一見ふつうの男性で、話をしても遊んでいるわけでもないのに、一緒にいてなぜか違和感や不信感を感じてしまう男性が多く存在します。

この場合、高確率で相手の人間性に何かしらの難があるのですが、具体的にどういったことなのか、ご説明させていただきましょう。

- 人を見下す
- 何かと上から目線
- すぐ人のせいや環境のせいにする
- 都合の悪いことからすぐ逃げる
- 人の悪口が多い

・やたらと愚痴が多い
・周囲にあまり好かれていない
・友達がいない
・感謝ができない
・ちょっとしたことでいきなりキレだす
・二度と会わないような人に対しての礼儀がない
・自分のことしか考えてない
・すぐウソをつく
・道にゴミをポイ捨てしたりマナーや常識がない
・約束を平気でやぶる　　etc……

挙げるとキリがありませんが、こういったところでしょうか。
「こんな人選ぶわけないじゃん！」と思ってる方もいらっしゃるでしょうが、相手の人間性のおかしさに目を背けて「そんな人じゃない」「彼はきっと○○な人のはず」と美化している女性はかなり多いんですよ。

執着しているから相手の本質も現実も見えてないんですよね。

では、なぜ人間性に難がある男性と良い関係が結べないのか。

その理由は、自分と向き合っていないことから、相手とも向き合えないんですよ。

どういうことかというと、自分と向き合うためには、自分の悪い部分や悪習慣に目を向けることが必要です。

しかし、自分と向き合っていない人は、自分の悪い部分や悪習慣がいけないことだと理解せずに目を背けているので、いくら隠そうとしてもちょいちょいイヤな部分がにじみ出してしまうんですよ。

そして、良い人間関係、いわば信頼関係を結ぶにあたって必要なこととして、「相手にとって都合が悪いことであっても、ちゃんと指摘する」というものがあります。
ようは、「そういうところやで？」というのをちゃんと言ってあげるということなんですよ。

しかし、人間性に難がある男性のほとんどは、今まで他人にそういった部分を指摘されたことがないので、都合が悪いことを指摘されると、今まで自分が目を背けてきた事実を認めたくないあまり、指摘してきた相手のことを毛嫌いします。

これは、こういった男性にかぎらず女性にも見受けられることなんですが、たとえば「私のことだけを愛してくれる人がほしい」と願っている女性がいるとするじゃないですか。

でも、彼女たちの多くは、自分を愛してくれる人がほしいのではなくて、自分をぬるま湯につけてくれて丸ごと承認してくれる相手がほしいだけなんですよね。

愛するということは、自分が嫌われてもいい覚悟で、相手のため「だけを」思ってハッキリと指摘することでもあるんです。

たとえば、一緒にご飯を食べていて、「気を悪くしないでほしいんだけど、お箸の持ち方直した方がいいよ。そういうのって、見る人はめっちゃ見てるから、育ち悪いって思われるかもしれないよ」と相手に伝えることができるのが、自分を愛してくれる人です。

しかし、「私だけを愛してくれる人がほしい」という女性にかぎって、そういう男性や友達を選びません。

だって、指摘されたら傷つきますからね。

そしてこれは、人間性に難がある男性にも共通して言えることなので、だからそういう相手とは良い関係が結べないんですよ。

アナタが本当の意味で良いパートナーシップを築ける恋愛がしたいのであれば、

次のことは忘れないでください。

自分にとって都合の悪い部分から目を背けて、表面的なコミュニケーションしか取れず、ベタベタした関係が親密さの表れであると履き違えてるような男性を選んではいけない。

あと、とくに人間性に難があるわけではなく優しいいんだけれど、なんだか煮えきらなかったり、秘密主義だったりする男性がいますが、彼らは優しいわけではありません。

前者は、優柔不断で人に嫌われたくないあまり、自分が悪者になるような選択をしないだけです。

そして後者は、善人を装っていたら人間関係が円滑になると思っていてそうしているだけで、人を信用していません。

ようは、自己保身のために優しさを演じてるだけということです。

こういった男性たちの「偽善」を優しさと勘違いして足を踏み入れすぎると痛い

目に遇うことも多いので、注意してください。

積み重なると嫌われる！踏んではいけない男の地雷10選

僕の元には毎日のように「○○してしまったから嫌われたかもしれません……」というご相談が届きますが、大前提として恋愛は今まで積み重ねた言動によって結果が変わるものであり、冒頭で「好きになるかどうかは最初の段階で決定している」とお話ししたものの、そんなにすぐ好きになったりすることはほとんどないし、嫌いになったりすることはそうそうありません。

積み重ねによって、それが好意にもなり、嫌悪やどうでもいいやという感情になるわけです。

明らかに相手の食いつきが変わり、好意的な言動が増えてそれが継続されれば、それは相手が気付いているかいないかの違いはあれど恋愛感情を抱いている証拠であり、その逆は相手が嫌悪感やどうでもよさを抱き始めている証拠となります。

とくに嫌悪感を抱かれた場合、そばにいたところでどんどん嫌いになられるだけです。

それに、いくら接し方を改善したとしても、「嫌い」だからいくら良いコミュニケーションを取ったとしてもいちいち癇にさわる。

言葉って、「何を言うか」じゃなくて「誰が言うか」という部分は大きいので、たとえばどんなにためになる良い話であっても、嫌いな人から聞くのと、この人の話なら聞いてみたいと思う人から聞くのとでは受け取り方がまったく変わるじゃないですか。

なので、嫌われた場合は、まさしく地雷行為を積み重ねてきた結果が招いた状況だと言えるでしょう。

じゃあ男性にしてはいけない地雷行為ってどんなものなのか。

中でもとくに男性が嫌がる地雷行為10選を、1つずつ危険度を交えてお話しさせていただきましょう。

1・責める　危険度★★★★☆

口うるさく言う行為です。

そして「責める」は、ことあるごとに過去のことを持ち出してネチネチ言ったり、思うような愛情が得られなかったとき過度に愛情を要求することも「責める」になります。

あと、なんでもかんでも白黒はっきりつけたがる女性がいますが、これも追い込みをかけすぎると「責める」に分類されますね。

とくに、つかなくてもいいウソをつくことが習慣になっているような男性だと、追い込んだら追い込むほどさらにウソをつき、逃げていくというケースが多いです。

2・注意する　危険度★★★☆☆

これは「責める」に似ていますが、自分都合でしてほしいことをしてくれない場合に口うるさく言う行為です。

たとえば、「ちょっと！　おしっこするときは便座に座ってしてよ！」などが「注意する」に当てはまります。

3・束縛する　危険度★★★★★

危険度MAXなんですが、なぜなら「束縛」ほど愛のない行為はないからです。

相手の携帯を見せるように強要する、休みの日は自分に時間を使わせる、友達と遊びに行かせない、相手の交友関係を制限するなど、付き合っているからと言って何をしてもいいわけではないですし、「束縛」はどこまでいっても自分の不安を自分で取れないから、その払拭を相手にしてもらおうとする卑劣な行為なんですよ。

束縛する女性に「自分がこういうことされたらどう思うか」を聞くと高確率で「私は平気だもん！」みたいな感じで返ってくるのですが、それはその女性のいたって個人的な都合であり、交際相手にはなんの関係もありません。

4・否定する　危険度★★☆☆☆

「否定」は、知らず知らずのうちにされている女性も多いことでしょう。

相手が言ってきたことに対し、「それは違うよ」とか「そんなんじゃダメだよ」と言ったり、「(相手が好きなものに対して)私、それ嫌いなんだよね」と言ったり。

相手がそれ以上踏み込みにくいシャッタートークは印象も悪いですし、とくに自分の好きなものを「否定」されたときは、共感を得られないことでそれ以上話す気がなくなることも多いです。

5・追撃連絡　危険度★★★☆☆～★★★★☆

自分の連絡が最後で相手から連絡がない場合、自分の感情を押し付けるような連絡を間髪入れずに何度もすることです。

「なんで連絡くれないの？」とか「私のこと嫌いになった？」とかですね。
この場合、タチが悪いのは「追撃連絡」だけではなく「責める」もセットになっています。

ちなみに、相手から連絡が来ないのに、何度も様子伺いの連絡を入れるのも「追撃」になるのでご注意を。

6・泣きわめく　危険度★★★☆☆

「男は女の涙に弱い」と言いますが大嘘です。

泣かれるとどう対処していいか分からないから「困る」のがほとんどであり、「弱い」わけではありません。

しかも、「泣く」と「わめく」がセットになると、ただただ面倒くさいし、公衆の面前だと恥ずかしいだけです。

7・突撃　危険度★★★★☆

アポなしで急に家に来られることですね。

とくに彼と連絡が取れなかったり、最近の態度が冷たかったりするからといって、いきなり家に押しかける女性がたまにいますが、超怖いです。

「コイツはちょっと何かあるだけでこうやって家に来るのか」と軽くストーカー

認定されて一気に印象が悪くなりますね。

8・マウンティング　危険度★★★☆☆

自分の能力が相手よりも上だと誇示することです。

とくに女性側が男性よりも社会的地位や収入が上の場合、「マウンティング」をかまされるとそこで劣等感やコンプレックスを抱いて萎縮してしまうことが多いですね。

たとえ彼よりアナタの能力が上でも、それをひけらかすことはかわいげのなさにつながるので注意しましょう。

ちなみに、「マウンティング」しているつもりではないのに、男性が卑屈になる場合があります。

僕はこれを「無意識マウンティング」と呼んでいるのですが、女性にとっては単なる日常のことを話しているつもりでも、相手の男性からすると「住む世界が違う」とか「俺よりすごいことやってんだな」と思われることがあるんですよね。

9・疑う　危険度★★★★★～

彼が怪しいからといって疑心暗鬼になり、浮気の容疑をかけまくる。

とくに一度彼の浮気がバレている状況であれば、つい疑いたくなるのも分かります。

しかし、疑い続けるという行為は「責める」と「束縛」がセットになりやすく、場合によっては「泣きわめく」も追加されます。

そのとき、危険度数は★5つでは済まなくなるでしょう。

10・試す　危険度★★☆☆☆

彼の愛情をたしかめようと「もう別れる！」と言ったことのある女性は多いのではないでしょうか。

この行為を繰り返していると最初は引き止めてくれていたのが、だんだんと疲れてきて「うん、分かった。別れよう」と言われることも多いです。

ほかにも、駆け引きを使って相手を振り向かせようとする女性がいますが、これも「試す」に分類されまして、なんとも思っていない女性から駆け引きされても「おまえなんかどうでもええわ。値打ちこくな」というのが男の本音です。

以上が、地雷行為10選になりますが、中には好きな男性に対して地雷を踏みまくった過去を思い出し、ドキッとした女性もいらっしゃるかもしれませんね。

中でも、「責める」「疑う」「束縛する」、この3つは超危険なんです。

この3つがセットになると、男性は高確率で別れを意識するようになっていきます。

僕も経験がありますが、この3つの地雷を踏みまくった女性が、たとえ接し方を改善して僕のそばに居続けたとしても、僕の愛情が戻ることはなかったでしょう。

では、男性の地雷を踏みまくって嫌われた女性はどうすれば関係を改善できるかというと、可能性があるのだとしたら、離れることでしか関係性は好転しません。

逆の立場になって考えてみてください。

たとえば、アナタに対し地雷を踏みまくっていた男性がいて、すっかり冷めてしまったとします。

そしたら、ある日を境に急に手のひらを返したような接し方をしてくるんです。

怖くないですか？

しかも今までのことがあるから、どれだけ良い接し方をされても、媚びられているようにしか感じないでしょうし、何か裏があるのではないか？　と疑ってしまうのではないでしょうか。

前述したように、これが「言葉は誰が言うか」という部分になりますね。

積み重ねたことによって相手に生まれたどうでもよさや嫌悪感は、一度離れて関係をリセットすることでしか払拭できません。

単純な話、嫌いな上司と毎日一緒に仕事をしていて好きになることはないでしょ？　ってことです。

でもその職場を退職してしばらく会わなければ、抱いていたマイナスイメージはある程度払拭されているのではないでしょうか。

それから、離れることでこういった心配をされる女性がいます。

「離れている間、相手に好きな人とか彼女ができたらどうしようって不安です」

大丈夫。

余計な心配すんな。

アナタがいてもいなくても、好きな女性とか彼女ができるときはできるから。

厳しいようですが、どうでもよさや嫌悪感を抱かれてしまった場合、相手に好きな女性や彼女ができたときは、アナタの存在は元々その程度のものだと思った方がいい。

そもそもですが、相手の地雷を踏むというのは、「相手の信用をなくす」ということです。

完全に信用がなくなっているのに、まだ自分に少しでも気持ちがあるなんて思うこと自体がおこがましいのではないでしょうか。

なので、今現在、恋人や好きな人に地雷行為をしていて、まだつながっているのであれば、今すぐにやめましょう。

なぜ、地雷を踏んでしまうのかというと、どこまでいっても自分の感情のコントロールができてないからなんですよ。

実は相手はまったく関係がありません。

どれだけ、相手が腹立つことをしてきても、悲しむようなことをしてきても、自分が「そういう受け取り方をして、そういう解釈をしたから」怒りや悲しみを感じるんですよ。

そして、なぜ怒りや悲しみを感じるかというと、例外なく「相手に期待しているから」なんですよね。

たとえば、彼がいつも連絡をくれる時間に連絡をくれなかったとしましょう。

それでアナタが怒りや悲しみを感じたとします。

ここでしている期待とは、「今日もいつもの時間に彼は連絡をくれるはず」というものです。

その期待が裏切られたから、怒ったり悲しんだりするんですよね。

そして期待とは、自分が「勝手に」思っているものなので、これまた相手には関係ありません。

アナタが道を歩いていて見知らぬ外国人にいきなり絡まれて、「アナタ、大和撫子ジャナイ！　フシダラナ淫乱女！」ってキレられたら、知らんがなって思うだろうし腹立ちませんか？

この外国人は、「日本人女性は全員大和撫子のはず」という期待をしていて、アナタは「知らない外国人がいきなり絡んでくることはないはず」という期待をしているわけです。

まあ、いきなり絡まれたら怒りより恐怖を感じるかもしれないけれど。

今の例は知らない人でたとえましたが、これが知っている人だと無意識に「自分のことは特別扱いしてくれるはず」という期待をさらに抱いているので、その期待を裏切られたとき、人は負の感情を抱くわけです。

なので、感情のコントロールができない女性は、「抱く感情は自己責任である」

と理解する必要があるでしょう。

そして、つながっていても、離れないといけないぐらい嫌われていたとしても、しなければいけないことは共通しています。

相手のせいにせず、自分の非をちゃんと認めて後悔すること。

よく、反省しても後悔するなとは言いますが、人間、後悔しないとまた同じ失敗を必ず繰り返します。

「よし、まっいいか。もうしないでおこう!」で直るのなら、もうとっくに改善できているはずですからね。

なので同じ過ちを繰り返さないためにも過去の自分を恥ずかしみ、激しく後悔してください。

その後は、「何がいけなかったのか?」を徹底的にフィードバックし、「もう同じことは絶対に繰り返さない」と心に誓い、「今後、同じことを繰り返さないためにはどうすればいいか？」と考え、相手に対して誠心誠意の謝罪をすることです。
ようは、仕事でミスやトラブルが起きたときに対処するのと同じことをすると思ってください。

その気持ちをちゃんと受け入れてもらえることができたら、そこから新たな関係性を築いていけるのではないでしょうか。

素を出せないと恋愛がうまくいかない？その秘密を徹底解明

好きな男性の前でいつもの自分を出せない女性のことを「本命コミュ障」と呼びます。

よく、「どうでもいい男からはモテるけど、好きになった人からはモテない」と言う女性がいますが、これは素のその女性が評価されていることと、好きな男性の前で素が出せていないだけなんですよ。

これが本命コミュ障ということになりまして、彼女たちは好きな男性の前で、気に入られようと媚びたり、言いたいことが言えなかったり、〇〇な女だと思ってもらおうと接するんですよね。

では、なぜ素が出せないと恋愛がうまくいかないか、その理由をお話しさせていただきましょうか。

まず、アナタという人物を１００という数値で表します。

そこでアナタの目の前に、「この人に良く思われたい」という人物が現れたとしましょう。

相手に好かれようと自分を押し殺し、50しか自分を出せなかったとしますよね。

そうすると、自分を出せなかった残り50の部分は、アナタは相手に合わせるために無理を強いられることになるわけです。

もちろん、職場などでは上司が望む理想の部下を演じていると、気に入ってもらいやすくはなりますが、これが恋愛の場合だと無理をした分、相手には違和感しか伝わっていません。

なぜなら、自分を出さずに封印するほど、相手にはアナタの性格や人となりが伝わっておらず、無理をしているということは素を出していないということなので、「なんか違うんだよな」と思われやすくなるからなんです。

しかも、無理をした分は違和感として相手に伝わるだけではなく、その相手との関係においてストレスを感じる原因を自分でつくっているという結果になります。

これが、対人関係で起こるストレスの正体なんですよ。

恋愛においてのストレスというのは以下のような不安と恐怖になりますね。

「彼から連絡が来ないけど、私、何か嫌われるようなことしたのかな…」
「ぜんぜん私のこと誘ってくれないけど、私に興味ないんだ…」
「なんか今日会ったとき素っ気なかったけど、彼はきっと私と会いたくなかったんだ…」

自分に自信がないから、相手に嫌われることを恐れて自分をさらけ出せず、相手に合わせてつくった自分さえも自信が持てないから、こういうストレスを感じるわけです。

カウンセリングでよく「彼が何を考えているのか分かりません」というご相談をいただきますが、背景を詳しく聞いていると女性側が素を出してないせいで、相手もまったく同じことを考えているということが多々あります。

「コイツ、何考えてるか分かんねえな」と相手にも思われているということです。

そりゃそうでしょう。

先ほどの例を出すと、自分を50しか出してないんだったら、相手は50以下のアナタしか分からないんですから。

素を出してくれない相手に見せる本音なんてありません。

昔からよく言われているように、「相手と仲良くなりたいんだったら先に自分の心をオープンにしましょう」というやつです。

何度もお話ししているように、自己開示しないことには、相手もどこまで踏み込んでいいか分からないですからね。

自分を出せないまま相手と接していると、お互いが腹の探り合いのような状態になり、その状態でいる間はいつまで経ってもお互いが心から安心し合える関係性にはなりません。

とはいえ、腹の探り合い状態ならまだましかもしれないですね。

なぜなら、自分を押し殺して相手に合わせた分だけ、相手が調子に乗って理不尽な要求をするケースも同じようにたくさん存在するからです。
「嫌だな」と思っているのに、相手に嫌われたくないから自分を押し殺して相手の要求を受け入れる。自分が不快に感じる要求を受け入れれば受け入れるほど、どんどん相手は調子に乗っていくわけです。

実はこれ、すべての対人関係に当てはまるんですよ。

男性に都合よく扱われている女性も、奥さんから過剰な束縛をされている男性も、友達のあり得ないワガママにいつも付き合わされている人たちも、すべて原理は同じです。
周りから見れば、「もうそんな相手とは離れた方がいい」としか思えないような関係性ですが、これは相手を助長させている当事者にも、思いっきり原因があります。

どういうことかというと、「超えちゃいけない一線を受け入れてしまった」からなんですよ。

相手に嫌われたくないとか相手を怒らせたくないとか、いろいろ理由はあるでしょうが、これは「なんとかして相手に承認されよう」という思考が元になっています。

相手に嫌われたくない

←自分が我慢して相手に合わせていれば、相手が受け入れてくれるかもしれない

相手を怒らせたくない

←自分が我慢して相手に合わせていれば、相手が機嫌よくしてくれて、

自分を受け入れてくれるかもしれない

こうやって我慢して相手の理不尽な要求を受け入れていると、いずれ「受け入れること」が「習慣」になってしまい、「超えちゃいけない一線」がどこなのか自分でも分からなくなってしまいます。

そしてこの一線は、「自分の尊厳を放棄するライン」なんです。自分の尊厳を放棄しないと受け入れられない要求を飲んでしまったとき、もうすでに相手との関係性は対等ではなく、ただの主従関係に成り下がっていると思った方がいいでしょう。

相手から都合よく扱われている女性だけではなく、今現在、好きな男性に対し自分を押し殺して関係性がうまくいっていないのであれば、この先もずっとうまくいくことはありません。

「同じことを繰り返して違う結果になることはない」ということです。

なので、残された選択肢って「自分をオープンにする」だけなんですよ。

そこで、今のありのままの自分を相手が受け入れられないのであれば、残念ながらその相手との関係性は、最初から手詰まりだったことになりますね。

相手との関係が終わるのが怖いのはもちろんよく分かります。

しかし、言いたいことを言って終わる関係なら所詮そこまでの関係だったということなんです。

そういう関係しか築いてこれなかった自分の責任であるか、もしくは、最初から自分と信頼関係を築くつもりがなかった人間を選んでしまった、自分の責任です。

恋愛視点で物事を考えている人は男女問わずものすごく多いですが、恋愛を含めたすべての対人関係を円滑にするために必要なことは、どこまでいっても「信頼関係を築くこと」なんですよ。

お互いが向き合い、長い時間をかけて信頼を積み重ねていく。

そこで初めて「信用」が生まれるんです。


よく、「彼のことが信用できません」という女性がいますが、相手と信頼関係を築いていない状態では信用なんて生まれるわけがないんですよ。

信頼関係ができていない状態でするのは「信用ではなくただの期待」です。

自分を押し殺した状態では信頼関係なんて築けないですし、そもそも最初から信頼関係が築けないような相手をパートナーに選んではいけません。


それは、恋愛にかぎらず仕事の取引先でも友達でもまったく同じことです。

どれだけ話が合おうが、どれだけ趣味が合おうが、どれだけ価値観が合おうが、土台になる信頼関係ができていないと、その関係はもろく崩れ去ってしまいます。

こんな経験ないですか？

学生時代、話が合いまくって急激に仲良くなった友達がいて、毎日のように一緒に遊んでたけれど、些細なことでケンカして仲が悪くなり、疎遠になったりいがみ合うようになったりしたことが。

今まで上辺だけの話しかしてなくて信頼関係を築いてなかったから、こういった状況になるんですよね。


逆に言うと、信頼関係さえちゃんとできていれば、言い方はあるものの、たとえ地雷になるようなことであっても相手に伝えて大丈夫なんですよ。

もしそのとき相手を怒らせるような事態になっても、「自分もそう言わせてしまう原因があったよなあ」と後から相手も反省し、和解につながることがよくあります。

というか、信頼関係を築くためには、お互いが自己開示をして、相手の事情を考慮し、言いたいことをちゃんと言う、これが必須条件になるので、自分を封印していては信頼なんて生まれません。

あと、これはカウンセリングでもよく聞く話なんですが、都合のいい関係を続けていた女性が、ある日我慢ができなくなって相手に言いたいことを言ったことによって、「なんでこんなしょうもない男に時間を費やしてたんだろう」と気付かれるケースが多々あります。

ルックスを含めた表面的な部分だけを見て相手を追いかけていた場合、自分よりレベルが下の相手だと気が付かずに、好かれようとするあまり相手の本質を見失っている女性は本当に多いです。

なぜ、こういう現象が起きるのかというと、「相手にしてもらえないのは自分に魅力がないからだ」という錯覚で相手に選ばれようとするから、自分を相手よりも下の立ち位置に持っていこうとするためなんですよね。

「いやいや、アンタの方がその男よりレベル上なんやで?」という話になりまして、幻想から相手を神格化してしまい、自分のことを封印してるから、相手の本質が見えなくなってるんですよ。

どういうことかというと、相手に好かれようと無理をした分、「私のことを○○と思ってもらおう」「××な女だと思われたくない」という意識が働くので、この時点で自分の感情にしか目が向いてないんですよね。

なので、無理した分だけ相手に目が向いていないことになり、「自分の感情にばかり目が向く＝自分のことしか考えていない」ことになります。

そこで、「もうどうなってもいいや！」と自分を開放して相手に言いたいことを言った瞬間、本来の自分を全開にできるので、今まで見えてなかったものが見えるという現象が起きるんですよ。

今現在、もし執着恋愛から抜け出せない女性がいらっしゃるのであれば、勇気を出して自分を開放することをおすすめします。

薄々でも「本当にこの人で大丈夫なんだろうか？」と感じていらっしゃるのであれば、その感覚はほぼ当たると思った方がいいでしょう。

「大丈夫じゃない」と心が言っている証拠なので。

開き直らないと見えない景色ってたくさんあるんですよ。

自分を押し殺して相手に好かれようと媚びた分だけ、アナタは自分の個性までも封印してしまってるんです。

相手に嫌われたくないあまり、良かれと思って自分を封印すればするほど、アナタは相手にとって面白みのない女性になります。

どうか嫌われることを恐れないでください。

すべての人に受け入れられる人も物も、歴史上、存在しないんです。

対人関係の基本は、「自分はこうです！」と自己開示して受け入れてくれない相手とは付き合わない、たったこれだけのことなんです。

それに、自分のことを否定してくる人は、何をしても否定してきます。

そういう相手に媚びて自分のことを好きになってもらう努力ほど、無駄なものはないんじゃないでしょうか。


カウンセリングをしていてよく思うのですが、恋愛がうまくいっている女性の多くは「自分を全開」に出しています。

言いたいことはハッキリと言うし、イヤなことはイヤだとハッキリ言う。

意思表示をちゃんとしていることで、その女性の個性や人となりが相手にもしっかりと伝わっているんですよね。

その結果、彼女たちは「おまえみたいな女はほかにいない」だとか「なんだかんだ言っておまえといると落ち着くし安心する」だとか「こんなに腹をわって話せるのはおまえぐらいだ」といった言葉を、相手の男性から引き出しています。


好きな男性の前で素が出せず、今まで失敗ばかりされていたのであれば、今後も違う結果になることはないので、いい加減、本命コミュ障を抜け出す時ではないでしょうか。

CHAPTER 5

恋愛の真理

恋愛の真理

向き合える関係性について

最後のセクションでは、お互いが向き合える関係になるために必要なことをお話しさせていただきます。向き合える関係とはいわば、信頼関係を結べる関係のことと同義だと思っていただいてけっこうです。

それではまず、信頼関係を結ぶために必要なことを次に記載させていただきます。

1・お互いが自己開示し合う

2・お互いが約束を守っていく
3・相手の事情を考えた上で、言いたいことは言い、聞きたいことは聞く
4・相手に指摘されたことは、いったん自分の中で受け入れてその意味を考える
5・相手のためにならないことは、言い方を考慮して指摘する

これが信頼関係を形成していく上で必要不可欠な5つの要素になるのですが、アナタのパートナーや意中の男性との関係性において、この5項目が該当していない場合、残念ながらなんの信頼関係も結べていないということになりますね。

3つ以上当てはまっていたら、その相手とは信頼関係が結べているので、できていない部分を強化していき、さらに信頼関係を深めるといいでしょう。

そしてこれらの項目は、恋愛にかぎらずすべての対人関係において共通して言えることです。

家族、仕事、友達、恋愛など、信頼関係を結ぶ上で例外はなく、5項目に該当する行為を積み重ねることでしか、信頼関係は生まれません。

では、5項目の行為を1つずつ、詳しくご説明させていただきましょうか。

1・お互いが自己開示し合う

チャプター4でもお話ししたとおり、自己開示をしないことには、相手もアナタに対して心を開いてくれません。

初めて遊びに行く友達の家で、勝手が分からないからおとなしくしておこうと思ってたら、友達が「冷蔵庫、勝手に開けて、何か飲んでもいいよ」と言ったら、それで踏み込んでいいテリトリーが分かりますよね。

昔からよく「相手の心を開きたいなら、先に自分の心を開きましょう」と言われていることは何も間違っていなくて、先に自己開示をすることで相手も安心して心を開いてくれる事例はたくさんあるんですよ。

単純に、「私、これめっちゃ好きなんだよね」という何気ない発言から、「分かる！俺も昔から好きなんだよ」という共感を得ることができて、そこから話が広がるなんてことは、ざらにあるわけじゃないですか。

なので、恐れずに自己開示してください。

そして、先に心をオープンにするということは、ギブアンドギブの精神でいうところの「先に与える」という行為なので、すごくいいことなんです。

信頼関係とは、お互いが自己開示し合うところからスタートします。

2・お互いが約束を守っていく

当然と言えば当然のことですが、これは相手に対しての約束だけではなく、自分に対してした約束も守っていくことが必要になります。

なぜ、自分に対しての約束も守っていかないといけないかというと、接する相手から見ると「コイツは、自分のことすらちゃんとできないいい加減なやつなんだ」と思われてしまうからです。

たとえば、アナタの周りに「今日からダイエット始める！」とか「今日から資格の勉強する！」といった感じで、何かにチャレンジするときにいつも声高々に宣言はするけれど、続かないという人はいませんか？

そういう人が、また何かを始めると宣言しても「またかよ。どうせすぐやめるんでしょ？」と思ってしまうのではないでしょうか。

だからこそ、信頼関係を築くためには、自分にした約束も守っていかないといけないんです。

3・相手の事情を考えた上で、言いたいことは言い、聞きたいことは聞く

おそらく、この項目が一番難しいと思われる女性が多いのではないでしょうか。
たとえば、恋人の仕事が急に忙しくなって、なかなか会えなくなり、アナタが寂しい思いを感じていたとしましょう。

このとき、寂しい気持ちを恋人に伝えるには、「最近会えてなくて、さすがにちょっと寂しくなってきちゃった。忙しいのは分かってるから、無理して時間つくってとは言わないけど、1分だけでいいから電話であなたの声が聞けるとすごく嬉しいな」という感じです。

チャプター3の自己開示法の「思ってることはちゃんと言う」の部分でもお話ししましたが、相手の事情を考えた上で、「自分がどう思っていて」「どうしてほしい

か」を伝えるということですね。

ほかにも、以前は毎日連絡をくれていた恋人が、最近連絡無精になってきて、アナタが不安に感じているときはこんな風に伝えてみましょう。

「いつも連絡くれてありがとう。でも、前は毎日連絡をくれてたからそれに慣れちゃったのか、最近連絡が少なくなって、実はちょっと不安だったりするんだよね。たぶん忙しいだけなんだろうし、私の取り越し苦労だったらごめんだけど、なんかあったの？」という感じです。

「こんな風に伝えて彼に重く思われたらどうしよう」と思った女性がいらっしゃるかもしれませんが、そもそも恋人同士なんだったら別になんでもない要求ではないでしょうか。

仕事でも、仲の良い同僚が、いつも迅速な対応をしてくれて仕事も早かったのに、最近では対応も仕事も遅くなったら、「気を悪くしないでほしいんだけど、前までレスポンスも仕事もすごく早かったじゃん。だから最近どうしちゃったのかな？と思って。何かあったの？」って聞きませんか？

それと同じです。

それに、「最近会ってくれないよね」とか「最近連絡少ないよね」といった、「言いたいことはなんとなく分かるけど、何が言いたいかもしてほしいかも分からない嫌味な台詞」と、前述した伝え方を比較したとき、言われる方の人間の受け取り方はまったく違うはずです。

自分のことを軽く扱い、最初から信頼関係を結ぶつもりがないような男性だと、そのかぎりではありませんが、「なんでも言い方次第」なんですよね。

ちなみに、感情的にならず、冷静になって相手の事情を汲み取ることができれば、

「今は言うべきじゃない」とか「今は聞くべきじゃない」といった感じで、発言のタイミングを推し量ることも可能です。

4・相手に指摘されたことは、いったん自分の中で受け入れてその意味を考える

社会に出てからどういう人を大事にしないといけないかというと、自分にとって都合の悪いことや耳が痛いことをちゃんと指摘してくれる人なんです。

僕たちは子どもの頃、自分の悪い部分を指摘してくれる大人たちが周りにいましたが、大人になるにつれ、自分のことを指摘してくれる人の数は激減します。自分の悪い部分はちゃんと自覚しないかぎり、どれだけ隠そうとしてもにじみ出てしまうので、それを誰にも指摘されず、気付かないまま日常を送っていると、その悪い部分のせいで、恋愛にかぎらずいろいろな人間関係がギクシャクすることが

本当によくあります。

しかし、そこでちゃんと指摘してくれる人が登場したら、その人はアナタの救世主なんですよ。

たとえば、「前から思ってたんだけど、その言い方直した方がいいと思うよ。人を見下してる感じがするし、もし言うならこれこれこういう言い方をした方がいいんじゃないかな」とか、「なんでいつも人のせいにするの？　人のせいにしても何も始まらないし、選んだのは自分じゃん。自分に非があるかもしれないって考えたことないの？」といった感じで。

誰かに指摘されて、素直に聞き入れられない人は多いのですが、イラッとしたりドキッとしたりしてる時点で、それは図星ということなんです。

それによく考えてみてください。

指摘する方って、嫌われるかもしれないのに、厳しいことを言ってなんのメリットもないんですよ。なので、指摘されることの意味を考えないといけないんです。

自分の悪い部分って、「自分が認めたくないもの」でもありますから、人に指摘されたときこそ、ちゃんと自分と向き合いましょう。

ちなみに、「それ嫌いだからやめて」といった感じで、言う側の人間の好き嫌いや主観だけで決めつけて、改善案を言ってくれないのはただの否定になるので、自分が悪いことだと思っていないのであれば、聞く必要はありません。

5・相手のためにならないことは、言い方を考慮して指摘する

これは「4・相手に指摘されたことは、いったん自分の中で受け入れてその意味

を考える」とは逆のことをアナタがするということですね。

よく、「あなたのためを思って言ってるのよ」とか「おまえのためにならないから言ってるんだ」という台詞を言う人がいますが、このほとんどが、「その人にとって、相手が改善してくれた方が都合がいいこと」なので、相手のためじゃなくて「自分のため」です。

たとえば、母親が「もっと勉強しなさい！　いい大学入れないよ！」と言っていたとしても、子どもがいい大学に入ることを望んでいなかったら、それは「いい大学に合格した自慢の子どもであってほしい」という親のエゴになります。

ここで子どもが、「いやいや、俺将来は映画監督になりたいねん！　本気やねん！」と言ってきたら、子どもの夢を応援するのが、相手の主張を尊重するということです。

しかし、ここで子どもが、映画監督になるための相応しい努力もせずに、映画の勉強はほどほどに毎日遊び回っていたとします。

すると、それを見かねた母親が子どもにこう言います。

「母ちゃんね、アンタが映画監督になりたいって言ってたから、応援してるんだよ。でもなんだい、アンタは遊び回ってばかりで映画監督になるための努力をちっともしてないじゃないか。

アンタはこれでも頑張ってるって言うかもしれない。

でもね、アンタがなりたいのは三流のしょぼい映画監督なのかい？　それだったら母ちゃんはもう何も言わないよ。

それとも、ほかにやりたいことが見つかったんなら言ってごらん。

母ちゃんはそれならそれでかまわないんだよ。

失敗したっていい。なんでもやってみるもんさ。

映画監督じゃなくても、自分の道を見つけたときは死ぬ気で頑張りな」

か、母ちゃん……!!

自分で書いてて、なんてステキな母ちゃんなんだと思ってしまいましたが、前述の言い方が「相手のためにならないことは、言い方を考慮して指摘する」なんです。

では、この子どもをアナタの恋人に置き換えて台詞を変えてみましょう。するとこんな感じになりますね。

「私ね、あなたが映画監督になりたいって言ってたから、すごく応援してるんだよ。気を悪くしないでほしいんだけどさ、あなたが映画監督になるために相応しい努力をしてるようには見えないんだよね。
あなたはこれでも頑張ってるって言うかもしれない。
でもね、あなたがなりたいものって三流の映画監督なの？　それだったら私は何も言えないよ。

それとも、ほかにやりたいことが見つかったんなら、別にそれはそれでいい。
失敗したっていいし、あなたにはあなたの道を見つけてほしい。
映画監督じゃなくても、自分の道を見つけてそれに突き進むなら、私も全力でサポートするから。
出過ぎたことを言ってごめんね」

み、みさえ……!!

みさえって誰やねん、僕の周りにもそんな名前の人おらんわという話なんですが、
こういった場合、言われた側の人間はもちろん、カチンとくるかもしれない。
しかし、ちゃんと向き合ってくれる相手であれば、そのときはイライラしても、
後からちゃんと言われた言葉の意味を考えます。

「アイツにあんなこと言わせるなんて、俺はダメだな」とか、「アイツの言うとぉ

り、俺はなんの努力もしてなかったな」といった感じでね。

せっかく相手のためだけを思って指摘しているのに、「ウソつき！　映画監督になるって言ったのに、何もしてないじゃない！」といった感じで、そこに怒りの感情が入るとほとんどの人が聞き入れてくれないんです。

だって、怒ってる人の話なんて、どんないい話であっても聞きたくありませんからね。

なので、「3・相手の事情を考えた上で、言いたいことは言い、聞きたいことは聞く」でお話ししたように、指摘するときは感情的にならず冷静になって、相手の事情を汲み取った上で、発言することが大切です。

以上が、信頼を積み重ねる上で必要な5項目の詳細になりまして、信頼関係がないカップルは、何年付き合っていてもその関係はひどく脆《もろ》いんです。

何年も付き合った彼氏に振られて、その男性が半年後に出会った女性とスピード婚したというよくある話も、背景はいろいろあるかもしれませんが、根本的な破局の原因は信頼関係のなさが招いた結果とも言えるでしょう。

信頼とは、家でいうところの土台です。
この土台がないと、何か災害があったとき、その家はすぐに倒壊しますよね。
それと同じことなんですよ。

そして、これが一番大事なこととも言えますが、「愛」とは信頼関係が成立している上でしか生まれません。しかも、どちらかの人間がいくら愛したところで、もう片方の人間が愛してくれないと、それはただの一方通行になります。
この「愛」という無形の存在が、どういったものなのかよく分からないという女性が多いのではないでしょうか。

そんな、いまいち分かりづらい愛の定義はこちらになります。

1・無条件で相手のことを許容している
2・相手が自分らしくいることに喜びを感じる
3・自分のためじゃなくて相手のために、何が一番最善かを考えることができる
4・その上で、見返りを求めずに相手のために行動することができる
5・相手が道を踏み外しそうになっていたり、過ちを犯しそうな場合は、「嫌われる覚悟で」指摘するか身体を張って食い止める

なぜ、愛が信頼関係が成立している状態じゃないと発生しないかご理解いただけたでしょうか。

相手のことをちゃんと理解して信用していないと、無条件で相手のことを許容することはできません。

相手の成功や喜びを自分のことのように感じることができないと、相手が自分らしくいることに喜びを感じることができません。

相手の事情をちゃんと汲み取ることがふだんからできていないと、相手のためになにが一番最善かを考えることができません。

自分のエゴや承認ほしさがあるうちは、見返りなしで相手のために行動することができません。


そして最後、愛するとは、相手のために自己犠牲を払うということでもあります。


なので、自分が嫌われても相手がより良い道に進んでくれるなら、そのためには指摘もするし、身体を張って食い止めることもできるというわけです。

場合によっては、「私がいたらこの人はダメになる」と思って、自ら身を引くのも愛の形と言えるでしょう。

この愛の定義を知ってしまうと、「愛してる」という言葉がいかに重くて軽々しく口にできるものではないか分かっていただけるはずです。

そして、信頼関係ができていない状態で軽々しく「愛してる」と言ってくる男性の軽薄さも、分かっていただけたのではないでしょうか。

もちろん恋愛は、信頼関係を結ばないまま関係を続けていくことは可能です。

しかし、前述したように、信頼の土台がない関係はひどく脆いもので、向き合ってくれない相手とする恋愛は、高確率で執着恋愛になると言っても過言ではありません。

そしてその関係性は、どちらかが飽きるまで継続するか、惰性で続くだけの関係になると思った方がいいでしょう。

なので、アナタが今後、愛の育み合いができる恋愛をしたいのであれば、自分自身をしっかり見つめ直し、根本の男性選びから見直さないといけないのではないでしょうか。

僕は、アナタが幸せで愛のある恋愛ができることを心より願っております。

あとがき

愛とはなんぞや？
愛とは、自分を愛した先に生まれるものである。
自分を愛せない者に愛は生み出せない。

愛とはなんぞや？
愛とは、無条件で相手のためだけを思って行う善意である。
見返りを求めて行う献身は愛ではない。

愛とはなんぞや？

愛とは、自己保身を考えず相手のためだけを思って行う善意である。
傷つくことを恐れながら行う献身や放棄は愛ではない。

愛とはなんぞや？
愛とは、ときに厳しく痛いものである。
相手をただ受け入れ、自分のすべてを受け入れてもらうことは愛ではない。

愛とはなんぞや？
愛とは、優しさと気遣いの技術を昇華させた分だけ磨かれる究極の善意である。

最後の最後にごめんな。
こういうの、一度やってみたかってん。

『本当の彼氏のつくりかた』を最後までご覧いただき、本当にありがとうございました。

本書では、世の中に出回っている恋愛指南書や恋愛コラムのように、付け焼き刃で一時的に恋愛をうまくいかせる方法ではなく、長期にわたって愛し愛されるための本質について書き記させていただきました。

なので、読まれた方の中には「ここまでしないといけないなら、今のままでかまわない」と言う女性もいらっしゃるかもしれませんね。

しかし、「まともな男が寄ってこない」といった悩みを同時に抱えていらっしゃるのであれば、それが今のあなたのレベルということです。

厳しい現実ですが人は合わせ鏡なので、人間は恋愛にかぎらず今の自分と同じレベルの人間としか、最終的には関われないんですよ。

とはいえ、本書でお話ししていることをクリアしているのにも関わらず、まともな男性と関わることができない女性は、性欲だけで相手のことを見ているので、もっと相手の本質に目を向ける必要があるでしょう。

さらに厳しい現実をお話しすると、本当の意味でいい男と言われる男性は、本書で書き記したことをすべてクリアしているような女性を生涯のパートナーとして選ぶ傾向にあります。

本当の意味でのいい男とは、イケメン、高収入、高学歴といった表面的なことではなく、向き合える関係をつくれる愛にあふれた、身だしなみもちゃんとしている男性ということです。

ただ、すべて実践することは難しくても、新しい習慣と素養を身に付ければ付けるほど、恋愛だけではなく人生までもがより良いものになっていくと断言させていただきます。

アナタが今までと違う景色を見たいのなら、ぜひ、「今すぐできること」を何か始めてみてください。

それでは最後に。

『本当の彼氏のつくりかた』を手に取ってくださった皆さま。
出版に携わってくださった皆さま。
クライアントやブログ読者の皆さま。
実生活で僕と仲良くしてくれるすべての人たちへ。

本当に、本当にありがとうございます！

悲恋改善アドバイザー　藤本シゲユキ

STAFF

編集　横田博恵（株式会社PAD）
デザイン　平田景子（株式会社PAD）
イラスト　ゆの
校正　長田あき子

本当の彼氏のつくりかた

2018年11月12日　第1版第1刷

著者　藤本シゲユキ
発行者　後藤高志
発行　株式会社 廣済堂出版
〒101-0052
東京都千代田区神田小川町2-3-13
M&Cビル7F
TEL　03-6703-0964（編集）
03-6703-0962（販売）
FAX　03-6703-0963（販売）
振替 00180-0-164137

印刷・製本　株式会社 廣済堂

ISBN 978-4-331-52193-9 C0095